LESBOS,
LA HONTE
DE L'EUROPE

Jean Ziegler

LESBOS, LA HONTE DE L'EUROPE

ÉDITIONS DU SEUIL
*57, rue Gaston-Tessier, Paris XIXe*

ISBN 978-2-02-145199-3

www.seuil.com

« Qui répondrait en ce moment à la terrible obstination du crime, si ce n'est l'obstination du témoignage ? »

Albert Camus

I

C’est en tant que vice-président du comité consultatif du Conseil des droits de l’homme des Nations unies que je me suis rendu à Lesbos en mai 2019[1]. Quarante ans auparavant, j’avais exploré l’île dans l’émerveillement.

Stelios Kamnarokos avait été l’un de mes étudiants de l’université de Genève les plus sympathiques et les plus intelligents. Son père, un homme corpulent, bon vivant, plein d’humour et pratiquant l’hospitalité inconditionnelle, était le pope de Mytilène : sur les quais et dans les cafés de la ville, tout le monde l’appelait affectueusement « Papa Dimitri ». C’est lui qui m’avait fait découvrir ce miracle de la nature qu’est l’île de Lesbos.

Stelios ferait par la suite une impressionnante carrière diplomatique. Il serait notamment, pendant neuf ans, l’influent conseiller pour la politique étrangère du président

1. Deux puissantes ONG européennes ont apporté un soutien précieux à l’organisation de ma mission. Je dois à cet égard une profonde gratitude à Thomas Gebauer et Ramona Lenz de Medico International et à Karl Kopp de Pro Asyl.

de la République Károlos Papoúlias. Révolté par le sort infligé à la Grèce par les États membres de l'Union européenne, il vit aujourd'hui une retraite inquiète à Athènes.

En mai 2019, à l'occasion de ma mission onusienne, j'ai repris contact avec ces plages de sable et de galets, ces montagnes qui culminent à presque 1 000 mètres.

D'innombrables baies brisent la ligne côtière de l'île. Leurs eaux turquoise valent à Lesbos, patrie de la poétesse Sappho (VIIe-VIe siècle av. J.-C.), son nom populaire d'« île d'émeraude ». Bâtie en amphithéâtre, la capitale Mytilène – quelque 50 000 habitants, soit à peu près la moitié de la population de l'île – est depuis l'Antiquité romaine un centre culturel et commercial d'une formidable vitalité. En témoignent les descriptions enthousiastes par les contemporains de son faste et de sa beauté[1], mais aussi les ruines de l'immense théâtre antique construit par Trajan. Strabon tenait la ville pour « la plus grande de son temps ». La forteresse byzantine édifiée par les architectes de l'empereur Justinien, relevée et renforcée au XVe siècle par les bâtisseurs de la famille génoise des Gattilusi, surplombe toujours le port dans la partie orientale de la ville. Par la suite, les Génois ont à leur tour été chassés par les conquérants ottomans.

Maisonnettes colorées des pêcheurs. Les palmiers se balancent dans la brise maritime. Partout des fleurs. Les plaines agricoles alternent avec les montagnes sombres. Onze millions d'oliviers et trois millions de pins parasol couvrent collines et plaines. La vaste forêt de séquoias pétrifiée, née d'une explosion volcanique il y a vingt millions d'années, ne constitue pas la moindre attraction des lieux.

1. Cicéron, Vitruve.

Avec une superficie de près de 1 700 kilomètres carrés et un littoral long de 320 kilomètres, Lesbos est l'île la plus importante de la mer Égée.

En mai 2019, je retrouve intacte la stupéfiante beauté de Lesbos, telle qu'elle est restée gravée pendant si longtemps dans ma mémoire.

Quatre ans auparavant, en avril 2015, un accord conclu entre la Commission européenne et le gouvernement grec a donné naissance, sur les cinq îles de la mer Égée les plus proches de l'Asie mineure, Lesbos, Kos, Leros, Samos et Chios, aux « *hot spots* » (« points chauds »), points d'accueil de milliers de réfugiés venus de Syrie, d'Irak, d'Afghanistan, mais aussi du Pakistan, de l'Afrique subsaharienne et d'ailleurs, fuyant la guerre, la torture, la destruction de leur pays et tentant d'atteindre les côtes grecques.

Ces réfugiés nourrissent l'espoir de parvenir à passer des îles sur le continent et de poursuivre ainsi leur route vers les Balkans, la Hongrie et l'Europe du Nord.

Le nom officiel de ces *hot spots* est *First reception facilities* (« Institutions de premier accueil »). Deux documents européens et une loi grecque définissent leurs fonctions. Les deux textes normatifs de l'Union européenne (UE) sont, d'une part, une directive d'avril 2015 intitulée « Agenda européen pour les migrations » et, d'autre part, la résolution du Parlement européen *Hot spots at EU external borders* (« Les *hot spots* aux frontières extérieures de l'UE »). La loi grecque porte le numéro 4357 et est datée de 2016.

Voici comment le Parlement européen définit les *hot spots* : « Ceux-ci ont pour but de mieux coordonner les agences de l'UE et des autorités nationales dans leur travail mené sur les frontières extérieures en matière de premier accueil, d'identification, d'enregistrement et de prise des empreintes digitales des demandeurs d'asile ("*asylum seekers*"). Actuellement, seules la Grèce et l'Italie ont des *hot spots*. Mais d'autres pays peuvent aussi bénéficier de l'installation de *hot spots* s'ils le demandent ou si la Commission est d'avis que ces pays ont besoin d'une assistance supplémentaire. »

Le Haut-Commissariat de l'ONU pour les réfugiés évalue en novembre 2019 à 34 500 le nombre des réfugiés parqués dans les cinq *hot spots* de la mer Égée. Les deux tiers d'entre eux sont des femmes et des enfants. Étant équipés pour héberger au maximum 6 400 personnes, ces camps sont donc désespérément surpeuplés[1].

Malgré la chasse organisée en haute mer par les instances européennes (ou nationales, turques et grecques, financées par l'UE), nombre de canots pneumatiques et d'embarcations en tous genres continuent chaque nuit et chaque matin de débarquer des réfugiés sur les côtes de Lesbos et des îles voisines. À Lesbos, dont le littoral est long et accidenté, nul n'est en mesure de faire complètement obstacle à ces débarquements.

Chaque matin, des policiers grecs armés inspectent les côtes. Ils arrêtent les réfugiés qui s'abritent tant bien que mal dans les rochers. Ils les menottent, y compris parfois les enfants. Puis ils les poussent dans de grands autobus bleus et les conduisent à Moria, un camp installé aux abords d'un petit village au voisinage de Mytilène. Là, trempés, affamés,

1. Voir Amnesty International, *Les Camps inhumains et surpeuplés doivent être fermés immédiatement*, Londres, janvier 2019.

angoissés, ils sont déposés et attendent les premiers interrogatoires. Ceux-ci seront menés par des fonctionnaires issus de trois organisations de l'UE.

D'abord, Frontex (abréviation de « frontières extérieures »). L'organisation a été fondée en 2004 sous le nom d'European Border and Coast Guard Agency (Agence européenne pour la gestion de la coopération opérationnelle aux frontières extérieures). Son siège est à Varsovie. Ses policiers – danois, français, bulgares, allemands, etc. – sont chargés de la lutte contre les cartels internationaux du trafic d'êtres humains. L'interrogatoire des réfugiés leur permet souvent de recueillir des renseignements précieux sur l'identité des passeurs, le fonctionnement de leurs réseaux et leur localisation.

Les agents de renseignements et agents secrets d'Europol, issus des 28 États membres de l'UE, conduisent eux aussi des interrogatoires serrés. Leur tâche plus particulière consiste à identifier et à intercepter d'éventuels terroristes mêlés à la foule des réfugiés. Le danger est réel. Deux des assassins des attentats de Berlin et de Munich de 2018 avaient rejoint l'Europe en tant que « réfugiés ».

Mais une troisième agence de l'UE intervient également à cette étape, l'EASO (European Asylum Support Office – Bureau européen d'appui en matière d'asile), fondée en 2011 et dont le siège se trouve à Malte. C'est elle qui procède au premier examen des demandes d'asile. Elle exclut et renvoie ceux qui, selon elle, n'ont aucune chance d'obtenir l'asile et transfère les autres aux Lesbos Committee for Asylum, une autorité grecque.

Sur le papier, les organisations de l'UE – les différents fonctionnaires qui les composent – n'exercent qu'un rôle d'assistance aux autorités grecques. En fait, ces fonctionnaires de l'UE font la loi. Ils occupent les postes institutionnels stratégiques. De surcroît, c'est l'UE qui rémunère les policiers grecs et les garde-côtes grecs et turcs. À Moria, comme dans les autres *hot spots*, fonctionnaires du ministre de la Migration d'Athènes, policiers, gardiens de prison, garde-côtes grecs, officiers de l'armée grecque ne jouent qu'un rôle de supplétifs.

Lorsqu'on examine de près l'*Agenda européen en matière de migration 2015*, une ambiguïté saute aux yeux : la Commission est obsédée par les accords de Schengen, qui abolissent, on le sait, les frontières intérieures de l'Union. La libre circulation des marchandises, des capitaux (totale) et des êtres humains (avec des restrictions) est le fondement du marché unique. Or, Schengen ne survit qu'à condition que les frontières extérieures de l'Union soient contrôlées et étroitement surveillées. C'est la tâche que sont chargés d'assurer les navires et les agents de Frontex, les marines grecque et turque, la police et les services secrets grecs, ainsi que les autres agences européennes impliquées. Toute l'activité sur les *hot spots* et les interventions en haute mer et dans les eaux territoriales sont soumises à un impératif prioritaire : protéger l'Europe de l'afflux des réfugiés.

En 2019, au moment de ma mission, les réfugiés enfermés derrière les murs de Moria – et confinés dans les oliveraies alentour, devenues à leur tour un vaste campement nommé les « Oliveraies » – relevaient de 58 nationalités. En très grande majorité, ils provenaient de Syrie, d'Afghanistan, d'Irak, d'Iran et du Soudan. La plupart d'entre eux étaient issus de la classe moyenne : enseignants, ingénieurs, entrepreneurs, commerçants, anciens fonctionnaires, employés, artisans, etc. Les familles de paysans ou d'ouvriers étaient très peu nombreuses. C'est qu'il faut de l'argent pour fuir sa ville ou son village, de l'argent pour payer les transports, les garde-frontière corrompus, les policiers maîtres chanteurs, les passeurs.

Dans l'immense majorité des cas, les réfugiés ont fui des pays ravagés par la guerre et la terreur. Aucune vie économique normale n'y a sa place : le dentiste, l'entrepreneur, l'ancien fonctionnaire, le commerçant ou l'artisan ne peut vendre sa maison, son appartement ou son entreprise, parce que sa ville et ses installations ont été rasées par les bombes ou les obus d'artillerie. Dans la province d'Idleb, en Syrie, dans la région de Kandahar en Afghanistan, dans la plaine de Ninive en Irak, aucun propriétaire ne peut plus vendre son champ puisque personne ne le lui achètera. Les réfugiés fuient donc en emportant ce qu'ils peuvent en économies liquides – et ces économies s'épuisent très rapidement en cours de route.

Les réfugiés échouent sur les côtes de Lesbos la plupart du temps complètement démunis. Les seules choses qu'ils possèdent sont les habits crasseux qu'ils portent sur eux, quelques photos de famille et souvent l'indispensable téléphone portable.

Après avoir été enregistrés par les policiers grecs, les réfugiés reçoivent une « carte d'enregistrement », ce qui leur donne droit d'accéder à un lieu pour dormir, de faire la queue à l'heure de la distribution de nourriture, d'accéder aux toilettes et aux douches. Mais le camp officiel étant désespérément surpeuplé, les nouveaux arrivants de l'été 2019 ont tous été dirigés vers les camps dits « inofficiels », installés dans les oliveraies.

Les policiers confient aux nouveaux arrivants des bâches de plastique, quelques outils – pelles, houes – pour leur permettre d'aplanir le sol. Dans les Oliveraies, les réfugiés doivent eux-mêmes construire leurs abris.

La carte d'enregistrement donne également droit à un pécule minimal – distribué mensuellement par le Haut-Commissariat des Nations unies pour les réfugiés (UNHCR, ou plus court : HCR). Le mode de calcul est compliqué : le plafond est de 360 euros par famille. Or, notamment les Afghans, les Syriens, les Irakiens et les gens de Bahreïn fuient par famille entière : père, mère, grands-parents, enfants de générations successives. Partager 360 euros entre 16 ou 18 personnes n'a évidemment pas beaucoup de sens.

Mais avec ce pécule, les réfugiés doivent acheter des bouteilles d'eau, des médicaments, du lait pour les enfants, des vêtements de rechange, des souliers, des articles d'hygiène corporelle (savon, etc.).

II

Sur la mer Égée, le ciel est bas et gris. Des massifs nuageux enveloppent les cimes des montagnes turques toutes proches. La surface de l'eau reflète cette morne couverture. En provenance d'Athènes, l'appareil du vol A37252 de l'Olympic Airways décrit une large courbe sur le détroit. Celui-ci est étroit : 7 kilomètres seulement séparent les montagnes turques du rivage européen.

Le petit aéroport Odysséas Elýtis de Mytilène est situé en bordure de mer. Le chantage à la dette exercé par le FMI et l'UE à l'encontre du gouvernement grec a laissé des traces : l'aéroport appartient désormais à la société allemande propriétaire de celui de Francfort. Les quelques kilomètres de route qui mènent au cœur de la capitale serpentent le long d'une route côtière bordée de palmiers et d'éclatants buissons de bougainvilliers.

Au loin, sous le ciel gris, se profilent trois silhouettes d'acier : des navires de guerre. Ils se meuvent lentement à la lisière des eaux territoriales. Comme d'immenses bêtes aux aguets d'invisibles proies.

Giorgos Pallis est un homme direct et chaleureux. Son regard noir me frappe. Il est député de Lesbos au Parlement d'Athènes. L'île est par tradition une terre à majorité communiste. Le père de Giorgos a été député communiste. Lui-même appartient aux Verts, alliés de Syriza, coalition d'extrême gauche au pouvoir à Athènes en mai 2019. Il a une quarantaine d'années.

« Regarde là-bas, le premier bateau de guerre appartient à l'OTAN, le deuxième, plus à l'ouest, à Frontex. Le troisième ? Il est trop loin, je ne parviens pas à l'identifier. »

Je l'interroge : « Pourquoi la marine de guerre de l'OTAN ? »

Dans un rire amer, il me répond : « Pour protéger l'Europe, il faut refouler des femmes et des enfants traqués par les bombes en Afghanistan, en Syrie, en Irak. »

Giorgos ne décolère pas : l'OTAN a au moins quatre croiseurs dans les eaux de Lesbos. « Ah, elle est belle la souveraineté de mon pays ! »

La voiture me dépose à l'hôtel Blue Sea, sur les quais occidentaux de Mytilène. Le balcon de ma chambre, au deuxième étage, surplombe le port. Une grille métallique de 4 mètres de haut le sépare du quai. Il est sévèrement gardé par des policiers grecs. Des uniformes noirs partout. L'armement des policiers, leurs jeeps blindées interdisent toute approche.

De mon hôtel, j'observe ce qui se passe. Derrière le grillage stationnent plusieurs autobus bleus. Aux premières lueurs de l'aube, les policiers partent en tournée sur les routes côtières en quête des réfugiés arrivés dans la nuit.

Les autobus les suivent. Après leur retour, ces hommes, ces femmes, ces enfants demeureront pendant douze à vingt-quatre heures parqués derrière les grilles du port sans eau ni nourriture. Ensuite seulement, les policiers les conduiront à Moria, au centre d'enregistrement.

À mon arrivée, j'ai observé ainsi trois autobus immobilisés sous mes fenêtres, remplis de femmes, d'hommes et d'enfants interceptés la veille par les hommes en noir. Durant tout mon séjour, en face de la porte d'entrée de mon hôtel, un croiseur britannique en mission pour Frontex est demeuré ancré à quai, ses canons de bord recouverts de bâches.

De Turquie, par temps clair, les réfugiés cachés derrière les rochers dans l'attente d'un passage peuvent apercevoir les lumières de l'Europe. Par le ferry touristique qui relie Dikili (province d'Izmir) à Mytilène, la traversée du détroit dure une heure et demie et coûte 35 euros. Sur les Zodiac surchargés, les requérants d'asile paient aux trafiquants 500 à 1 000 euros par personne et risquent leur vie.

Les *push-backs* sont des opérations d'interception violente, pratiquées par les navires des garde-côtes turcs et grecs, par ceux de Frontex et, selon certaines sources, par ceux de l'OTAN également.

Sur les côtes de la mer Égée s'activent des organisations non gouvernementales internationales : Pro Asyl, Refugee Rescue, Border Monitoring, etc. Leurs courageux militantes et militants conduisent des interrogatoires de survivants et documentent ainsi les opérations *push-backs*. Celles-ci se poursuivent nuit et jour. Elles ont pour but de rejeter les Zodiac, les barques, les rafiots des réfugiés dans les eaux territoriales turques et d'empêcher ainsi leurs passagers de déposer une demande d'asile en territoire européen.

Les méthodes appliquées par les intercepteurs sont décrites et documentées en détail par les activistes des ONG. En voici quelques exemples, extraits entre autres du plus récent rapport de synthèse établi en mai 2019 par Valeria Hänsel, membre de l'association allemande Border Monitoring, et intitulé *Die Erosion des europäischen Asylsystems auf der griechischen Hotspot-Insel Lesbos* (*L'Érosion du système européen de l'asile sur l'île* hot spot *de Lesbos*)[1].

Les activistes de l'organisation espagnole Proactiva Open Arms décrivent ainsi une de leurs dernières opérations :

> Un bateau rempli d'hommes, de femmes et d'enfants réfugiés dérivait à moins de 100 mètres de la côte grecque. C'était une journée froide de printemps. L'eau ne dépassait pas cinq degrés. Les réfugiés, tremblants, étaient transis de froid, leurs habits trempés. Nous avons entendu une femme qui criait de façon effrayante. Nous avons appelé le commandement de Frontex à Lesbos. Nous leur avons demandé s'ils avaient besoin d'aide pour secourir les réfugiés et si nous pouvions envoyer un de nos médecins sur le bateau. Les gens de Frontex nous ont répondu que tout était sous contrôle. Par la suite, ils ont attendu deux heures de plus pour conduire le bateau dans le port de Mytilène. Nous avons assisté à son arrivée à quai. Nous avons vu un bébé qui ne bougeait plus. Les policiers de Frontex ont empêché notre médecin et deux autres de nos collaborateurs d'approcher et nous ont éloignés de force. Le bébé était froid, son teint était jaune. Ses yeux étaient immobiles. Plus tard, nous avons appelé le centre d'enregistrement de Moria. Lorsque nous

1. Border Monitoring München, 2019.

> avons demandé des nouvelles de l'enfant, on nous a répondu qu'aucun bébé n'était arrivé. Personne ne savait ce qui s'était passé. Je suis sûr que la mère avait crié parce que son bébé était en train de mourir. Si Frontex n'avait pas bloqué le bateau devant la côte pendant deux heures ou s'ils avaient laissé notre médecin rejoindre les réfugiés, le bébé aurait très probablement survécu.

Confronté à ce reproche, le commandement de Frontex a répondu : « Notre tâche n'est pas de secourir les naufragés, mais d'assurer la sécurité des frontières. »

Les organisations Human Rights Watch, Pro Asyl, Sea Watch, Refugee Rescue ainsi que d'autres ONG internationales ont documenté, depuis 2015, date de la création des *hot spots*, un grand nombre d'autres opérations *push-backs*.

Refugee Rescue a ainsi diffusé, en octobre 2018, le témoignage d'un jeune réfugié syrien prénommé Asmir (nom d'emprunt) :

> Après avoir voyagé environ un kilomètre dans les eaux internationales du détroit, nous avons été poursuivis par les garde-côtes turcs. Ils avaient deux bateaux : un grand et un petit. Du grand bateau, ils tiraient en l'air et criaient, nous demandant de faire demi-tour. Avec le petit, ils nous poursuivaient. Ils se sont approchés et nous ont tapé dessus avec de longues barres de fer pour que nous mourions en mer. Mais nous nous sommes défendus. Je ne sais pas d'où nous avons tiré notre force, mais nous avons lutté pendant des heures et finalement nous avons réussi à leur échapper.

En 2015 déjà, le porte-parole d'Amnesty International déclarait à la télévision sur Euronews : « Les garde-côtes grecs repoussent des embarcations de requérants d'asile de force dans les eaux territoriales turques et mettent la vie des réfugiés en danger. » Depuis cette date, les *push-backs* ont provoqué un grand nombre de morts « accidentelles ».

Pro Asyl a témoigné, vidéos à l'appui, sur la mort de douze requérants d'asile – dont cinq enfants en dessous de dix ans – durant une opération *push-back* en 2017.

L'ONG Med-Watch gère à Mytilène une installation nommée « Alarm-Phone » (téléphone d'alarme). Les requérants d'asile possèdent souvent des téléphones portables. Menacés de *push-back*, les réfugiés agressés appellent Med-Watch au secours. Les militants de cette ONG sont connus pour leur détermination et leur courage. Par radio, ils interviennent auprès des agresseurs (Frontex, OTAN, garde-côtes turcs ou grecs) et tentent de libérer le bateau, avant de prodiguer les premiers secours aux réfugiés en détresse. Mais la plupart du temps, les activistes de Med-Watch assistent impuissants à la conduite criminelle des forces de l'UE. Les policiers de Frontex remettent aux gardes turcs les Zodiac surchargés de passagers paniqués. Med-Watch a également observé des cas où les garde-côtes grecs démontent le moteur du Zodiac et le jettent à la mer ou l'embarquent sur leur propre navire, laissant le Zodiac des réfugiés – tel le radeau de *La Méduse* – dériver sur les flots gris de la mer Égée.

Med-Watch a témoigné d'un cas, survenu le 21 juillet 2017, où les garde-côtes grecs ont utilisé des couteaux pour éventrer en haute mer un Zodiac chargé de requérants d'asile.

Certains des équipages des bateaux de Frontex ont développé des techniques de *push-back* particulièrement efficaces. Tel est le cas notamment de l'équipage du croiseur britannique *Protector*. Les fusiliers marins et canonniers du *Protector* avaient l'habitude de tirer dans l'eau tout autour de l'embarcation des réfugiés, mais de plus en plus près du bateau. Au fur et à mesure que montait la panique des réfugiés, le commandant du *Protector* dictait ses ordres par mégaphone. Il obtenait en général que le canot pneumatique des réfugiés fasse demi-tour et retourne dans les eaux territoriales turques.

La tactique du si mal nommé *Protector* a fini par susciter des protestations véhémentes de la part de l'organisation Refugee Rescue et d'autres ONG, de certains grands journaux britanniques et de la chaîne de télévision Euronews. L'équipage du *Protector* a alors été révoqué par le gouvernement de Londres. Mais le croiseur lui-même est aujourd'hui toujours en action dans les eaux grecques, doté d'un nouvel équipage.

Le 15 janvier 2019, une petite fille de quatre ans est morte en mer alors que son embarcation faisait route vers la Grèce. Interviewé par le journal *Hara Harekact* (16 janvier 2019), le père de la fillette raconte : « Ils [les garde-côtes turcs] ont arrimé notre bateau avec une corde à leur navire. Puis ils ont commencé à nous tourner autour de plus en plus rapidement. Ils ont essayé de nous tuer tous. »

Grâce à Refugee Rescue, il existe toute une série de vidéos – plus révoltantes les unes que les autres – qui témoignent de la pratique des garde-côtes, notamment turcs, et de Frontex. On y voit notamment des militaires turcs en uniforme frapper avec des barres de fer des familles de réfugiés, y compris des enfants, pour les forcer à faire demi-tour. Une autre technique, développée notamment par Frontex, se révèle particulièrement efficace : le bateau garde-côtes tourne à grande vitesse et à distance de plus en plus rapprochée autour du Zodiac des réfugiés, provoquant des vagues violentes, qui secouent l'embarcation, menaçant à chaque instant de la faire chavirer.

Aussi étrange que cela puisse paraître, le combat entre les réfugiés, prisonniers de leurs frêles embarcations, et les bateaux armés de Frontex et des garde-côtes turcs et grecs ne tourne pas toujours à l'avantage de Goliath. C'est ainsi que le 10 novembre 2017 un bateau des garde-côtes turcs pénétrant dans les eaux territoriales grecques a harponné un Zodiac chargé de vingt réfugiés. Dix-sept d'entre eux ont réussi à sauter dans l'eau avant que le Zodiac ne sombre. Un bateau de pêche grec les a recueillis. Le 4 octobre 2018, un autre Zodiac a été attaqué, à nouveau dans les eaux territoriales grecques et à nouveau par un croiseur turc. Quatre adolescents afghans ont réussi à sauter du Zodiac. Les Turcs ont tiré à la mitrailleuse, mais ont raté leur cible. Refugee Rescue indique que plusieurs des rescapés des deux Zodiac interceptés portaient des blessures, pour certaines graves, causées soit par des coups portés avec des barres de fer, soit par les tirs.

Mais la chasse aux réfugiés en haute mer porte globalement ses fruits. Les îles grecques de la mer Égée, notamment Lesbos, voient désormais chuter le nombre de requérants d'asile débarquant sur leur sol. En 2016, 172 450 personnes sont arrivées ; en 2017, un peu plus de 29 000. Un chiffre encore inférieur en 2018. Mais l'afflux ne tarit pas pour autant. Malgré toute la brutalité des *push-backs*, pratiquement tous les jours et toutes les nuits des réfugiés atteignent les côtes de Lesbos et des autres îles sur leur embarcation de fortune.

Dans la description que je fais des *push-backs*, j'incrimine indistinctement Frontex et les garde-côtes grecs et turcs. Au sens strict du terme, seul Frontex est un organe de l'UE. Les garde-côtes de Turquie et de Grèce obéissent formellement aux ordres de leurs gouvernements souverains. Mais de fait, la stratégie des *push-backs* est financée, coordonnée et ordonnée par les bureaucrates de l'UE, je l'ai dit. Les unités navales qui la mettent en œuvre sont dépendantes de la Commission européenne. En cinq ans, les garde-côtes grecs ont reçu de l'UE des financements dépassant les 150 millions d'euros.

De même, le financement massif de la marine de guerre turque par l'UE est justifié à Bruxelles par la lutte indispensable contre les trafiquants d'êtres humains. En mai 2016, l'UE a ainsi intégré officiellement la marine et la gendarmerie turques dans la stratégie « *Rescue and Secure* » (« Sauver et sécuriser ») de la mer Égée. Elle a versé 20 millions d'euros pour la formation des opérateurs turcs. Une étroite collaboration avec Frontex a été mise en œuvre. En 2018, l'Organisation internationale pour la migration (OIM) a fait don au gouvernement d'Ankara de plusieurs bateaux d'interception rapide.

Dans l'idéologie « humanitaire » des têtes de mule de Bruxelles, Frontex tient un rôle central. *Rescue and Secure*... Quelle hypocrisie ! Le principal agent de la chasse aux requérants d'asile n'a rien – mais strictement rien – d'un « sauveteur ». Les bateaux de Frontex sont des bâtiments militaires équipés militairement. À leur bord ne se trouvent ni médecins, ni infirmières, ni nageurs de secours, mais des policiers et des gendarmes recrutés dans les différents États membres de l'UE.

Frontex a été récemment remplacée par une structure au mandat, au financement et aux équipements techniques considérablement renforcés : l'Agence européenne de garde-frontières et de garde-côtes. Mais la nouvelle organisation évolue toujours sous le nom de Frontex. Et les graves reproches de brutalité énoncés à son égard ne se limitent pas à la mer Égée : les policiers de Frontex usent fréquemment des mêmes méthodes de répression et d'intimidation des réfugiés dans d'autres régions du monde[1].

Un exemple. À la frontière extérieure de l'UE, en Bosnie-Herzégovine, des dizaines de milliers de réfugiés vivent dans des conditions inhumaines. La plupart sont issus de familles originaires de Syrie, d'Afghanistan et d'Iran. Des barbelés de l'OTAN protègent la frontière croate. Des policiers masqués, armés de matraques en acier, de menottes et accompagnés de chiens dressés à la chasse aux êtres humains patrouillent sur les sentiers boueux du côté croate, en Europe. Les mains en sang, certains réfugiés tentent périodiquement de découper les barbelés et de rejoindre le territoire européen pour y déposer leur demande d'asile.

Les policiers et leurs chiens les refoulent. Les policiers battent violemment enfants, femmes et hommes, sans distinction, leur infligeant fréquemment des blessures graves.

Des activistes travaillant pour plusieurs ONG sont présents dans les camps du nord de la Bosnie-Herzégovine, parmi lesquels le Center for Peace Studies, dont le quartier général se trouve à Zagreb (Croatie), la Fondation Heinrich

1. Voir l'interview de Bernd Kasparek, de l'ONG allemande Border Monitoring, « Verprügelt und misshandelt » (« Battus et maltraités »), in *Der Spiegel*, 10 août 2019.

Böll, dont le siège est à Sarajevo (Bosnie-Herzégovine), etc. Ils accompagnent les réfugiés jusqu'aux barbelés. Ils filment et enregistrent les actes de violence commis par les policiers. Plusieurs ONG prétendent que des agents de Frontex sont présents sur ce terrain, notamment avec les drones[1].

1. Voir le journal de bord *Terminus Bosnie* du Forum civique européen, Bâle, septembre 2019.

III

Pour les industriels de l'armement, les marchands de canons et trafiquants d'armes en tous genres, la lutte contre les réfugiés et les migrants est plus rentable que toutes les guerres en cours en Syrie, au Darfour et au Yémen. L'Union européenne vient de publier ses perspectives budgétaires jusqu'en 2027. Selon ses prévisions, les dotations aux deux postes intitulés « Sécurité des frontières » et « Migration » seront augmentées jusqu'à 34,9 milliards d'euros (soit trois fois le montant de 2019). Le budget de Frontex sera, de son côté, augmenté de 12 milliards d'euros dans les sept prochaines années, et celui de l'EASO de 900 millions. La Commission européenne motive ainsi ces augmentations : « Il paraît évident que la gestion des frontières et la migration seront à l'avenir une des tâches les plus importantes [de l'UE]. »

Quant à ce que les bureaucrates de Bruxelles appellent la *border security* (la « sécurisation des frontières »), elle assure aux marchands d'armes des profits faramineux.

Christian Jakob est un jeune homme au tempérament vif. Doté d'une indépendance d'esprit à toute épreuve et d'un sens aigu de la justice, il est actuellement journaliste de recherche au quotidien berlinois *Die Tageszeitung*. J'ai rencontré à Mytilène cet homme chaleureux et rieur. Il est devenu célèbre pour avoir révélé les relations étroites qui lient certains bureaucrates de Bruxelles et les marchands de canons[1].

Parmi les milliers de lobbyistes actifs à Bruxelles, ceux de l'industrie de l'armement sont sans doute les plus efficaces. Le plus puissant de ces groupes de pression est l'Organisation européenne de sécurité (EOS), dirigée par Luigi Rebuffi, le directeur général de la société multinationale de l'armement Thales. L'une des figures les plus pittoresques, parmi les agents des marchands de canons agissant auprès de la Commission de l'UE, s'appelle Dirk Niebel. Il travaille pour l'usine d'armement Rheinmetall, à Düsseldorf. Jusqu'en 2013, Niebel a été ministre pour la Coopération internationale et le développement du gouvernement allemand. Dans cette fonction, il s'est fait l'avocat des intérêts des peuples les plus pauvres.

À la demande de l'UE, les industriels de l'armement ont développé une technologie ultraperformante pour assurer l'efficacité de la chasse à l'homme le long des frontières de la forteresse Europe. Eurosur (European Border Surveillance System, Système européen pour la surveillance des frontières), une autre instance de l'UE, recourt notamment à des satellites géostationnaires, positionnés au-dessus de

1. Voir notamment Christian Jakob, « Grenzschutz als Geschäft », in *Brennpunkt Drëtt Welt* (Luxembourg), juin 2019.

la mer Égée, du détroit de Gibraltar, du Sahara et de la Méditerranée centrale. Par ailleurs, des drones ultraperformants surveillent jour et nuit les mouvements des réfugiés et des migrants sur mer comme sur terre. Personne ne leur échappe. De même, les radars au sol permettent une observation permanente des colonnes de persécutés évoluant sur la terre ferme. Des systèmes de *sensors* secrets sont également installés le long des côtes et des frontières terrestres.

L'un des cauchemars de Frontex est suscité par ces poids lourds qui transportent enfants, femmes et hommes clandestins sur les routes du nord de la Grèce ou de la Bosnie-Herzégovine. Une nouvelle technologie permet de les détecter : il s'agit de scanners aux rayons X et d'autres appareils hautement sophistiqués permettant de capter et de décompter les battements de cœur et la quantité d'air respiré. Ces appareils sont extrêmement onéreux : un scanner de camion, par exemple, coûte environ 1,5 million d'euros.

Pour les bureaucrates de l'UE, il ne fait pas de doute que le contribuable européen est heureux d'assumer les montants astronomiques qu'il paie pour l'acquisition de tous ces gadgets… puisque ceux-ci le protègent des réfugiés.

L'inventivité des fabricants d'appareils de surveillance financés par l'UE ne connaît pas de limites. Le long du mur qui sépare le nord-ouest de la Syrie de la Turquie, les Turcs – encouragés par Bruxelles – ont ainsi installé des appareils à déclenchement automatique de tirs de mitrailleuses. L'être humain qui approche à 300 mètres du mur entend d'abord en trois langues, et à plusieurs reprises, un avertissement lui ordonnant de faire demi-tour. S'il continue d'avancer, il est tué par la mitrailleuse dont le tir se déclenche automatiquement. Ces mitrailleuses à tir autodéclenché se révèlent particulièrement efficaces contre les familles de réfugiés. Elles sont l'un des produits phares défendus et vendus à Bruxelles par Dirk Niebel et ses semblables.

L'événement commercial de loin le plus important pour la promotion de la technologie de surveillance et de répression des réfugiés est la foire annuelle de Milipol, à Paris. Les ministres s'y pressent.

Pour l'heure, ce sont encore les industriels israéliens et américains qui dominent ce marché. Jakob cite les calculs qu'a effectués la société de conseil Frost and Sullivan[1] : les dépenses totales investies dans le développement de ce que les eurocrates appellent la « technologie des frontières » s'élèvent aujourd'hui à 15 milliards d'euros. Elles atteindront 29 milliards d'euros en 2022. Tout cela au profit des marchands de canons – et aux frais du contribuable européen.

1. Christian Jakob, « Grenzschutz als Geschäft », art. cité.

IV

Entre le commandement de Frontex et les militants et militantes des associations issues de la société civile internationale agissant en mer Égée, le torchon brûle.

Les militants disposent de bateaux rapides, de télescopes, de viseurs nocturnes, de caméras. Ils interrogent les survivants, observent les *push-backs*. Les pêcheurs les renseignent. Ils publient sur les réseaux sociaux d'innombrables vidéos montrant les navires de Frontex (et de l'OTAN) en action, le refoulement des requérants d'asile. Les ONG entretiennent avec nombre de journalistes de la presse internationale des relations de confiance.

En 2013 déjà, 21 organisations européennes et africaines d'aide aux réfugiés avaient lancé une campagne internationale appelée Frontexit, afin d'exiger la dissolution pure et simple de l'organisme.

Le commandement central de Varsovie a riposté avec vigueur. Son accusation principale à l'adresse de nombre d'ONG : complicité avec les cartels criminels des trafiquants d'êtres humains. Il est vrai qu'en mer Égée, comme partout ailleurs en Méditerranée ou dans les zones frontalières terrestres de l'Europe, ces cartels sont actifs. Ils exploitent financièrement les réfugiés, les terrorisent physiquement et psychologiquement. Ils doivent être combattus sans merci. Mais le reproche de complicité adressé aux ONG – ou aux pêcheurs – venant en aide aux réfugiés en détresse est absurde.

En mer Égée, la criminalisation par Frontex des activités de solidarité, d'entraide et de sauvetage des réfugiés aboutit à l'occasion à des situations grotesques. En voici quelques exemples.

En août 2018, cinq volontaires d'une organisation de sauvetage en mer nommée Emergency Response Center International – ERCI (Centre international de réponse urgente) – ont subi cent jours d'incarcération préventive, puis ont été libérés sous caution. Ils étaient accusés de « trafic d'êtres humains » et d'« espionnage ». Ces délits peuvent être punis de vingt-cinq ans de prison. Au moment où j'achève ce livre, la procédure est en cours devant les tribunaux grecs. Les juristes de l'ONG américaine Human Rights Watch ont examiné le dossier. Leur verdict : il est totalement vide. Ils écrivent : « *Rescuers at sea, baseless accusations. Prosecutors seek to criminalize saving lifes* » (« Des sauveteurs en mer affrontent des accusations infondées. Les procureurs tentent de criminaliser l'activité de sauvetage en mer »)[1].

Autre exemple. Sarah Mardini, une jeune femme syrienne accompagnée de sa sœur, tentait de rejoindre les côtes de Lesbos. Bien avant d'atteindre les rochers européens, le moteur du Zodiac sur lequel elle voyageait avec d'autres réfugiés – essentiellement des familles syriennes – est tombé en panne. Le Zodiac dérivait sans contrôle. Sarah et sa jeune sœur sont

1. Human Rights Watch, 5 novembre 2018.

des nageuses de compétition : elles ont sauté à l'eau et réussi à traîner le bateau endommagé jusqu'à l'île. C'était en 2015.

Par la suite, Sarah a bénéficié du statut de réfugiée en Allemagne. Elle a poursuivi des études au Bard College de Berlin. Un jour, profitant de son temps libre, elle est retournée à Lesbos pour participer à des opérations de sauvetage en haute mer. Mais lorsqu'elle a voulu retourner à Berlin, la police grecque l'a arrêtée à l'aéroport de Mytilène. Alerté, un collègue de Sarah, Sean Binder, vingt-quatre ans, a tenté de lui rendre visite en prison. Lui aussi a été arrêté.

Pour avoir tiré en 2015 un canot pneumatique en panne jusqu'à la côte de Lesbos – et avoir probablement sauvé un certain nombre de vies humaines – la justice grecque, sur dénonciation de Frontex, accuse aujourd'hui Sarah et sa sœur de « trafic d'êtres humains ». En 2019, la procédure est toujours en cours.

La liste des dénonciations déposées par Frontex auprès de la justice grecque est longue. Elle vise nombre de sauveteurs issus de la société civile.

Un dernier exemple. En 2016, cinq sauveteuses appartenant aux organisations Team Humanity et Proem-Aid – toutes des jeunes femmes issues de différentes nationalités – ont été condamnées à des amendes élevées. Salam Aldeen était l'accusée principale. Son délit ? « Trafic d'êtres humains. » Mo Abassi, une des personnes arrêtées, raconte :

> Notre groupe a entendu le signal de détresse d'un bateau de réfugiés. Nous avons alerté la Garde côtière grecque comme le veut la loi. Mais elle a tardé à réagir. Nous sommes donc parties nous-mêmes avec notre bateau pour porter secours aux naufragés. Tout a bien marché… jusqu'au moment où le

> navire des garde-côtes grecs est apparu. Les gardes se sont montrés extrêmement agressifs. Ils nous ont forcées à les suivre. Puis, nous avons été arrêtées et inculpées.

En 2019, après des années de procédure, soutenues par une coalition d'ONG et d'avocats internationaux, les cinq femmes ont été acquittées et les accusations retirées.

Dans le *Financial Times*, Aurélie Ponthieu, collaboratrice de Médecins sans frontières, résume la situation :

> Nous cherchons activement les bateaux de réfugiés en détresse. Souvent, nous les trouvons avant Frontex ou les garde-côtes. C'est ainsi que cela se passe. Je ne pense pas que cela signifie une collaboration [avec les passeurs]. Il ne s'agit pas de savoir s'il existe une collaboration entre les ONG et les contrebandiers d'êtres humains. La seule question est de savoir pourquoi tant d'êtres humains meurent en haute mer. C'est là-dessus que Frontex devrait se concentrer[1].

Il faut insister aussi sur une autre stratégie, particulièrement détestable, de Frontex. Les passeurs ne conduisent pratiquement jamais eux-mêmes les embarcations de fortune où prennent place les réfugiés. Ils choisissent un réfugié, en général parmi les plus démunis, lui apprennent les règles élémentaires de la navigation et lui confient le bateau. En contrepartie, le réfugié obtient un rabais sur le prix du passage. Intercepté par les policiers de Frontex, le pauvre hère est alors considéré comme un passeur. Il est transféré à la justice grecque. Le délit de trafic d'êtres humains est susceptible d'être puni par vingt-cinq ans de prison.

1. *Financial Times* (Londres), 15 décembre 2016.

V

Pour un être humain persécuté, il ne saurait exister de traversée illégale d'une frontière.

Article 14 de la Déclaration universelle des droits de l'homme de 1948 : « Devant la persécution, toute personne a le droit de chercher asile et de bénéficier de l'asile en d'autres pays. »

Les 193 États membres ont apposé leur signature sur ce texte – ainsi que sur la Charte des Nations unies – au moment de leur adhésion à l'ONU.

Tous les États membres de l'UE ont en outre signé, puis ratifié, la Convention de l'ONU relative au statut des réfugiés, conclue à Genève le 28 juillet 1951. Voici ce que dit son préambule :

> Les Hautes Parties contractantes,
>
> *Considérant* que la Charte des Nations unies et la Déclaration universelle des droits de l'homme approuvée le 10 décembre 1948 par l'Assemblée générale affirme ce principe que les êtres humains, sans discrimination, doivent jouir des droits de l'homme et des libertés fondamentales,

Considérant que l'Organisation des Nations unies a, à plusieurs reprises, manifesté la profonde sollicitude qu'elle éprouve pour les réfugiés et qu'elle s'est préoccupée d'assurer à ceux-ci l'exercice le plus large possible des droits de l'homme et des libertés fondamentales,
Considérant qu'il est désirable de réviser et de codifier les accords internationaux antérieurs relatifs au statut des réfugiés et d'étendre l'application de ses instruments et la protection qu'ils constituent pour les réfugiés au moyen d'un nouvel accord,
Considérant qu'il peut résulter de l'octroi du droit d'asile des charges exceptionnellement lourdes pour certains pays et que la solution satisfaisante des problèmes dont l'organisation des Nations unies a reconnu la portée et le caractère internationaux, ne saurait, dans cette hypothèse, être obtenue sans une solidarité internationale,
Exprimant le vœu que tous les États, reconnaissant le caractère social et humanitaire du problème des réfugiés, fassent tout ce qui est en leur pouvoir pour éviter que ce problème ne devienne une cause de tension entre États,
Prenant acte de ce que le Haut-Commissaire des Nations unies pour les réfugiés a pour tâche de veiller à l'application des conventions internationales qui assurent la protection des réfugiés, et reconnaissant que la coordination effective des mesures prises pour résoudre ce problème dépendra de la coopération des États avec le Haut-Commissaire,
Sont convenues des dispositions ci-après :

Article premier : Définition du terme « réfugié »
A. Aux fins de la présente Convention, le terme « réfugié » s'appliquera à toute personne :
[…]
2) Qui, par suite d'événements survenus avant le 1er janvier 1951 et craignant avec raison d'être persécutée du fait de sa race, de sa religion, de sa nationalité, de son appartenance

à un certain groupe social ou de ses opinions politiques, se trouve hors du pays dont elle a la nationalité et qui ne peut ou, du fait de cette crainte, ne veut se réclamer de la protection de ce pays ; ou qui, si elle n'a pas de nationalité et se trouve hors du pays dans lequel elle avait sa résidence habituelle à la suite de tels événements, ne peut ou, en raison de ladite crainte, ne veut y retourner.
[...]

Article 3 : Non-discrimination
Les États contractants appliqueront les dispositions de cette Convention aux réfugiés sans discrimination quant à la race, la religion ou le pays d'origine.

Article 4 : Religion
Les États contractants accorderont aux réfugiés sur leur territoire un traitement au moins aussi favorable que celui accordé aux nationaux en ce qui concerne la liberté de pratiquer la religion et en ce qui concerne la liberté d'instruction religieuse de leurs enfants.
[...]

Article 32 : Expulsion
1. Les États contractants n'expulseront un réfugié se trouvant régulièrement sur leur territoire que pour des raisons de sécurité nationale ou d'ordre public.
2. L'expulsion de ce réfugié n'aura lieu qu'en exécution d'une décision rendue conformément à la procédure par la loi. Le réfugié devra, sauf si des raisons impérieuses de sécurité nationale s'y opposent, être admis à fournir des preuves tendant à le disculper, à présenter un recours et à se faire représenter à cet effet devant une autorité compétente ou devant une ou plusieurs personnes spécialement désignées par l'autorité compétente.
3. Les États contractants accorderont à un tel réfugié un délai raisonnable pour lui permettre de chercher à se faire admettre

régulièrement dans un autre pays. Les États contractants peuvent appliquer, pendant ce délai, telle mesure d'ordre interne qu'ils jugeront opportune.

Article 33 : Défense d'expulsion et de refoulement
1. Aucun des États contractants n'expulsera ou ne refoulera, de quelque manière que ce soit, un réfugié sur les frontières des territoires où sa vie ou sa liberté serait menacée en raison de sa race, de sa religion, de sa nationalité, de son appartenance à un certain groupe social ou de ses opinions politiques.
2. Le bénéfice de la présente disposition ne pourra toutefois être invoqué par un réfugié qu'il y aura des raisons sérieuses de considérer comme un danger pour la sécurité du pays où il se trouve ou qui, ayant fait l'objet d'une condamnation définitive pour un crime ou délit particulièrement grave, constitue une menace pour la communauté dudit pays.

Toute opération de *push-back* constitue une violation flagrante du droit international en ce qu'elle prive le requérant d'asile de son droit de déposer sa demande.

Que l'État hôte refuse la demande d'asile est une autre question. C'est le fait d'empêcher le dépôt d'une demande d'asile qui constitue le déni de droit.

J'ouvre une parenthèse.

Un après-midi sombre de mars 2007, je me trouvais au huitième étage du vaste immeuble de béton, de métal et de verre qui, à Genève, abrite le Haut-Commissariat des Nations unies pour les réfugiés. Le bâtiment est situé à l'angle de l'avenue de France et de la rue de Montbrillant, en face du palais des Nations. Le Haut-Commissaire de l'époque était António Guterres, aujourd'hui secrétaire général des Nations unies. L'homme est d'une intelligence subtile, doté d'un sens de la justice intraitable, chaleureux, pris parfois de terribles colères. Chrétien de gauche, ses convictions socialistes lui sont chevillées au corps.

Avec Willy Brandt, Thomas Sankara, Bruno Kreisky, Kofi Annan, Nelson Mandela, Fidel Castro, António Guterres est l'un des rares véritables hommes d'État que j'aie connus. Ancien Premier ministre du Portugal, il avait été, avant sa nomination au Haut-Commissariat par Kofi Annan, président de l'Internationale socialiste. J'étais moi-même membre du Conseil exécutif de l'Internationale. Des liens de confiance, de solidarité me lient à Guterres.

Pourtant, j'allais passer cet après-midi-là un bien mauvais moment dans son bureau. Dehors, il neigeait. Sur l'avenue, le verglas paralysait le trafic. J'étais à l'époque rapporteur spécial des Nations unies pour le droit à l'alimentation. J'avais répondu à une convocation du Haut-Commissaire.

À peine entré dans son bureau, j'ai senti sa mauvaise humeur.

« Qu'est-ce que j'apprends ? Tu veux demander dans ton prochain rapport un statut de réfugié pour les migrants de la faim ? Tu veux les inclure dans l'article 1 de la Convention ? Tu veux ouvrir des négociations internationales sur la Convention ? Tu es irresponsable, Jean ! »

L'attaque me laissa bouche bée.

« Sais-tu ce que cela signifierait ? En ouvrant des négociations sur n'importe lequel de ses articles, tu mets en danger la Convention elle-même et donc le droit d'asile. Tu le sais comme moi : la xénophobie menace les États d'Europe et d'ailleurs. Les mouvements et partis racistes et xénophobes progressent d'élection en élection. Si tu ne veux pas que le droit d'asile lui-même disparaisse, retire ta proposition. »

Guterres est un vrai Portugais, d'une vitalité débordante, d'une énergie inépuisable. Il ne tolère qu'avec peine qu'on lui résiste. J'ai fait de mon mieux, défendant la cause des réfugiés de la faim, traités jusqu'alors comme des « migrants économiques » indignes de protection.

L'après-midi tirait à sa fin. La nuit est tombée. Nous discutions toujours. Finalement, je lui ai promis de retirer ma proposition. Mais jusqu'à aujourd'hui, ma conviction n'a pas changé.

Au moment où j'écris ces lignes, à Idleb, au nord-ouest de la Syrie, une région qui échappe encore au bourreau de Damas, sous les décombres des villes et des villages, des enfants, des femmes, des hommes sont mutilés, brûlés, assassinés par les bombardements de terreur russes et syriens. Un père de famille qui, avec ses enfants survivants, tente de quitter l'enfer d'Idleb fait tout simplement usage de son droit de chercher refuge au-delà des frontières. Des millions de Syriens ont fui leur pays depuis 2011. Et les tentatives d'échapper à cet enfer continuent[1]...

Au Soudan du Sud, une famine effroyable ravage depuis deux ans les peuples Dinka, Shilluk et Nuer.

À Juba, dans les campements, les villes et les villages le long du Nil blanc, des dizaines de milliers d'enfants, de femmes et d'hommes sont morts de faim, de déshydratation, du choléra depuis 2017. Ceux qui parviennent par miracle en terre éthiopienne ou ougandaise se voient souvent refuser

1. Voir le rapport de Paulo Sergio Pinheiro, président de la Commission d'enquête sur la Syrie, présenté à la 41e session du Conseil des droits de l'homme de l'ONU le 2 juillet 2019.

la protection internationale. Ils ne sont pas « couverts » par la Convention de 1951. C'est ainsi qu'ils se retrouvent fréquemment refoulés en tant que migrants économiques ou enfermés sans aucun droit dans des camps sordides.

Que l'on m'explique la différence entre mourir de faim à Juba ou périr d'un obus toxique syrien ou russe à Idleb !

J'entends souvent : « Votre intention est bonne, mais irréaliste. Car on ne peut définir ce qu'est un réfugié de la faim. » Erreur ! Ces réfugiés sont parfaitement identifiables.

Dans le bâtiment vétuste du Programme alimentaire mondial (PAM), à Rome, se trouvent deux salles où se décide quotidiennement le destin – ou, plus concrètement, la vie ou la mort – de centaines de milliers de personnes. La première de ces salles, la *situation room* (« salle de situation »), abrite la banque de données de l'organisation. Les murs de la « salle de situation » sont tapissés d'immenses cartes géographiques et d'écrans. Sur les tables, longues et noires, s'entassent des cartes météorologiques, des images satellitaires, etc. Toutes les récoltes, partout dans le monde, y sont surveillées au jour le jour. Les mouvements des criquets, les tarifs du fret maritime, les cours du riz, du maïs, du mil, du blé, de l'orge au Chicago Commodity Stock Exchange et aux autres Bourses de matières premières agricoles du monde, ainsi que quantité d'autres variables économiques, y sont constamment scrutés, examinés, analysés.

L'autre salle stratégique du quartier général du PAM à Rome, bien moins impressionnante à première vue, et moins animée d'experts en tous genres, est celle de la Vulnerability Analysis and Mapping Unit (VAM – Unité d'analyse et de cartographie de la vulnérabilité). Elle est dirigée par une femme énergique, Joyce Kanyangwa Luma. C'est là que sont lancées les enquêtes minutieuses qui, sur les cinq continents, identifient les groupes vulnérables.

Joyce Luma est en quelque sorte chargée de dresser la hiérarchie de la misère. Au Cambodge, au Pérou, au Bangladesh, au Malawi, au Tchad, au Sri Lanka, en Birmanie, au Pakistan, au Laos, etc., elle sous-traite à des ONG locales les enquêtes de terrain. Munis de questionnaires détaillés, les enquêteurs (plus souvent les enquêtrices) vont de village en village, de bidonville en bidonville, de hameau en hameau, interrogeant les chefs de famille, les personnes isolées, les mères célibataires sur leur revenu, leur emploi, leur situation alimentaire, les maladies ravageant le foyer, les carences en eau, etc. Une fois remplis, les questionnaires reviennent à Rome et sont exploités par Joyce Luma et son équipe.

La sélection est au cœur du travail de Joyce Luma. Comme les moyens financiers du PAM se sont effondrés après la crise de 2008 et que la nourriture disponible est désormais insuffisante pour répondre aux millions de mains qui se tendent, il faut bien choisir.

Bien sûr, Joyce Luma tente d'être juste. Forte des moyens techniques et financiers à la disposition de la plus grande organisation humanitaire du monde, elle s'efforce d'identifier, dans chacun des pays ravagés par la faim, les personnes les plus affligées, les plus vulnérables, les plus immédiatement en danger d'anéantissement. Resteront en rade les personnes et les groupes de personnes qui, par malchance, ne relèvent pas de la catégorie des « extrêmement vulnérables », mais n'en appartiennent pas moins à des populations menacées de sous-alimentation grave – et donc de mort prochaine, quoique différée. Joyce Luma, cette femme rayonnante d'humanité et de compassion, décide ainsi de qui va vivre et de qui va mourir, au nom d'une contrainte objective imposée au PAM.

Identifier les réfugiés de la faim ne pose aucun problème. Les images satellitaires utilisées par Joyce Luma indiquent clairement quelles sont les régions du monde où l'agriculture est encore possible, où le sol peut encore nourrir les hommes, et lesquelles sont des zones où la vie humaine n'est plus assurée.

Mais pour l'heure, le droit international public exclut de la protection conventionnelle les réfugiés de la faim.

Je comprends, bien sûr, les arguments qu'António Guterres a opposés à ma proposition d'inclure les réfugiés de la faim parmi les bénéficiaires du droit d'asile. Mais je reste convaincu que le jour viendra où il faudra bien réviser la Convention de 1951 pour leur assurer la protection que requiert leur humaine souffrance.

VI

Jamais, dans l'histoire récente, autant d'êtres humains ne se sont trouvés au même moment en fuite. Leur nombre est estimé par le Haut-Commissariat des Nations unies pour les réfugiés à plus de 60 millions, dont environ 25 millions fuient la guerre, la torture et autres traitements inhumains. Le Comité international de la Croix-Rouge nomme ces derniers les « réfugiés de la violence ».

À cause des guerres en Syrie, en Irak, en Afghanistan, en Libye, dans les provinces occidentales du Soudan (Darfour), en République du Sud-Soudan, en République centrafricaine, la vague migratoire a atteint un pic à l'été 2015. Une masse d'êtres humains persécutés s'est déversée sur les frontières sud de l'Europe.

La Cour des comptes de l'UE, dont le siège se trouve au Luxembourg, indique que, au moment paroxystique de cet exode de masse, plus de 850 000 persécutés ont traversé la mer Égée pour rejoindre les îles grecques[1].

1. Cour des comptes européenne, chambre III, « Réponse de l'UE à la crise des réfugiés », Luxembourg, 2017.

Devant cette situation dramatique, l'UE a négocié un « programme temporaire de relocalisation d'urgence[1] », qui prévoyait la répartition des réfugiés entre les 28 pays de l'Union. C'est à ce moment-là qu'a surgi dans l'esprit des fonctionnaires de Bruxelles l'idée des *hot spots*, des centres de préenregistrement financés par l'UE. Ces centres devaient préenregistrer le réfugié, puis le transférer aux autorités grecques qui statueraient sur sa demande d'asile. En cas d'acceptation, le réfugié serait relocalisé – c'est-à-dire attribué (selon une clé de redistribution négociée) à l'un ou l'autre des 28 États membres de l'UE.

Or, ce système de relocalisation n'a jusqu'à ce jour jamais fonctionné. Si l'Allemagne a accepté de réinstaller plus de 1 million de personnes au bénéfice du droit d'asile, la Hongrie, la Pologne, la Bulgarie, la Roumanie refusent catégoriquement de participer à la redistribution. La Slovaquie, quant à elle, n'a accepté jusqu'ici que quelques centaines de réfugiés, à condition qu'ils soient catholiques. En Pologne, le parti Droit et Justice au pouvoir refuse jusqu'à ce jour toute relocalisation des réfugiés. Motif : la Pologne doit préserver sa « pureté ethnique[2] ».

En 2017 déjà, la Commission européenne a porté plainte devant la Cour de justice de l'Union européenne contre la Hongrie, la Pologne et la Tchéquie. Confirmant le caractère contraignant du programme de relocalisation de l'UE, la Cour a condamné ces trois États membres. Sans succès, leurs gouvernements refusant purement et simplement d'exécuter ce jugement.

1. Décisions UE 2015/1523 et 2015/2160.
2. *Le Monde*, en ligne, 4 octobre 2019.

La conséquence de l'échec flagrant de l'Europe sur ce plan est bien sûr le surpeuplement des *hot spots* de la mer Égée.

Les trois étapes procédurales – préenregistrement, acceptation ou refus de la requête d'asile et relocalisation – devaient, selon les fonctionnaires de Bruxelles, prendre un maximum de six mois. Douce illusion !

Dans son rapport de 2017, la Cour des comptes de l'UE signale les délais d'attente extrêmement longs qui sont imposés aux requérants d'asile pour se faire enregistrer une première fois (préenregistrement). Ces délais peuvent aller jusqu'à trois ans ! L'attente et l'absence presque totale d'informations qui l'accompagne suscitent l'angoisse des requérants. L'incertitude, l'incapacité de se faire entendre, l'expectative aussi, installent les réfugiés dans un contexte traumatisant, source de souffrances et d'incompréhension, conduisant parfois au suicide.

Il faut noter aussi que l'ensemble des procédures est placé sous le sceau de l'hypocrisie. Officiellement, les *hot spots* de la mer Égée sont tous sous la souveraineté exclusive de la Grèce. En fait, l'essentiel des procédures en question dépend des différentes agences européennes. Or, ces agences, par exemple Europol, en charge de la lutte contre les cartels criminels dont procèdent les passeurs et de la détection d'éventuels terroristes mêlés au flux des réfugiés – deux tâches d'une importance capitale –, sont largement sous-équipées et travaillent donc avec une extrême lenteur. Pour détecter des djihadistes dissimulés dans la foule des réfugiés se déversant sur les *hot spots*, de longues investigations, des jours et des jours d'interrogatoires sont nécessaires. Le rapport cité de la Cour des comptes estime qu'il y faudrait au moins 100 agents Europol pour les 5 *hot spots* grecs, or on n'en comptait que 16 en 2017…

Même chose pour l'EASO : les fonctionnaires de cette agence mènent les investigations, interrogatoires et examens qui précèdent l'acceptation ou le refus des demandes d'asile. Les enquêteurs de l'EASO établissent le dossier, qui sera ensuite transmis à l'autorité grecque compétente pour qu'elle puisse statuer sur la requête d'asile. Mais ils n'étaient que 41 dans les 5 *hot spots* en 2017. Selon les renseignements disponibles, leur nombre n'a pas sensiblement augmenté depuis lors.

Dernier exemple : Frontex, en collaboration avec Europol, est également responsable du filtrage des réfugiés, de la détection des terroristes et du démantèlement des réseaux internationaux de trafiquants d'êtres humains. Or, le personnel de Frontex est notoirement insuffisant.

La raison de ce sous-équipement est simple : chacune de ses agences travaille avec des experts « prêtés ». Frontex est, en effet, composé de policiers détachés pour un temps par leur pays d'origine, parfois pour moins de quinze jours. Il en va de même pour Europol : dans les documents officiels, on désigne les agents sous le terme d'« agents invités ». Probablement parce qu'ils exercent des activités – l'utilisation de la force publique, la compétence de soumettre à un interrogatoire une personne étrangère – qui, en principe, sont réservées aux fonctionnaires de l'État souverain. Vérifier les informations obtenues à partir des différentes bases de données – celle de Schengen, dont l'ordinateur central se trouve à Strasbourg, ou celles des différents corps de police nationaux – exige un savoir-faire professionnel élevé. On comprend, dès lors, que les différentes polices ou services de renseignements nationaux hésitent à se séparer de leurs spécialistes en nombre et pour des périodes plus ou moins longues.

En 2016, les dirigeants de Bruxelles ont accordé à la Grèce une aide financière d'urgence d'un montant de 100 millions d'euros. Cet argent était destiné au financement d'une multitude d'activités sur les *hot spots*, par exemple la construction d'installations hygiéniques, l'assainissement, l'adduction d'eau, la fourniture de systèmes informatiques performants à l'usage de la police grecque.

Mais la corruption est un fléau permanent dans les *hot spots*. La Cour des comptes de l'UE écrit pudiquement, deux ans après la libération de ces 100 millions d'euros en faveur de la Grèce : « Aucun rapport sur l'utilisation de ces fonds n'est encore disponible[1]. » Depuis 2017, l'Office européen de la lutte antifraude (OLAF) mène des enquêtes contre certains ministres du gouvernement Tsípras.

À propos de corruption. Le long des plus de 300 kilomètres de côte sauvage de l'île de Lesbos, le visiteur tombe par endroits sur des amoncellements de gilets de sauvetage. C'est que les réfugiés se débarrassent de leur gilet dès leur arrivée sur terre ferme. Dans les mêmes lieux, on découvre des Zodiac éventrés, restés accrochés aux rochers du littoral. Or, les promeneurs longeant la côte ou naviguant dans ses baies observent régulièrement un spectacle insolite : tôt le matin, ou au crépuscule, des camionnettes sillonnent la route côtière. Quand leurs chauffeurs aperçoivent un amoncellement de gilets et d'embarcations échouées, ils s'arrêtent,

1. Rapport de la Cour des comptes, Luxembourg, 2017, *op. cit.*

s'approchent du Zodiac, en enlèvent le moteur et découpent la plaque de métal qui forme son fond. Tout ce matériel sera réexpédié par bateaux de pêche à travers le détroit. Il servira aux trafiquants pour équiper de nouveaux canots. Ce commerce lucratif se déroule au vu et au su de la police et des garde-côtes grecs.

VII

En mai 2019, avant de prendre l'avion pour Lesbos, j'ai appelé à Athènes quelques-uns de mes amis grecs pour recueillir leurs conseils. Et parmi eux, Meletis Meletopoulos, un des plus prestigieux des sociologues grecs. Il a eu ce commentaire laconique : « Ainsi tu veux visiter les camps de concentration de la mer Égée ? Prépare-toi à un choc. »

Meletis avait raison. Aller à Moria, c'est s'exposer à un choc psychologique.

Dans le voisinage immédiat de Mytilène, le petit village est composé d'anciennes et de belles maisons de pierre entourées de jardins odorants et, au-delà, de coteaux de vignes et d'oliveraies. Derrière les dernières maisons, la route asphaltée monte brusquement. Le camp de réfugiés est situé sur les pentes abruptes d'une colline pierreuse. On l'a aménagé dans l'enceinte d'une ancienne caserne, construite à l'origine pour loger 3 000 soldats. Aujourd'hui, plus de 18 000 femmes, hommes et enfants requérants d'asile et appartenant à une multitude de peuples (essentiellement des Afghans, des Syriens, des Irakiens, des Iraniens) sont enfermés derrière des murs surmontés de tessons de verre et de barbelés.

C'est le plus grand camp de réfugiés d'Europe.

Les tentes et les containers fournis par le Haut-Commissariat des Nations unies pour les réfugiés couvrent environ 4,5 hectares, soit un peu plus de six terrains de football.

Au bas de la pente, devant l'immense porte de fer gardant l'entrée du camp, des policiers armés en uniforme noir arrêtent les passants. Le visiteur doit présenter un permis spécial délivré par le ministre de la Migration à Athènes pour être autorisé à entrer. Mais pour obtenir le précieux viatique, il a fallu échanger pendant des semaines nombre de lettres avec M. Anastassopoulos, directeur de division au ministère.

Finalement tout le monde a eu son permis… sauf moi et notre interprète de langue persane, Naiem Mohamed. Le refoulement menaçait. Mais grâce à l'intervention énergique de Giorgios Pallis, député de Lesbos, la porte s'est enfin ouverte.

Sur les murs entourant la caserne et ses dépendances sont disposées trois rangées de fils de fer barbelés de l'OTAN. Je hais ces fils de fer : je les ai vus entourer les colonies israéliennes illégales près de Tulkarem et de Naplouse, en Palestine occupée. Les blocs de béton, surmontés de rouleaux de fils de fer barbelés de type OTAN, y coupent les routes, empêchant les paysans de rejoindre leurs champs, les écoliers d'atteindre leurs écoles.

Les garde-frontières hongrois et croates les utilisent pour barrer les chemins empruntés par les persécutés dans l'espoir de déposer leur demande d'asile en Europe.

L'entreprise espagnole ESF est le principal producteur des « barbelés OTAN ». Le cerveau tordu de ses ingénieurs a mis au point un fil de fer incassable, garni de crochets métalliques aiguisés comme des lames de rasoir. Les réfugiés qui tentent de soulever ces barbelés pour se glisser par-dessous ont les mains lacérées, parfois les tendons sectionnés.

À Moria, la promiscuité est effrayante. Au-delà des murs du camp officiel, d'autres s'étendent : les camps dits « inofficiels ». Ce sont de véritables *slums*, auxquels on a donné des noms poétiques : Oliveraies I, Oliveraies II, Oliveraies III…

Des taudis du même type existent à Samos. Là-bas, on dit plus prosaïquement : la « Jungle[1] ». Environ 4 000 réfugiés survivent dans cette « Jungle » (chiffre de novembre 2019), où il n'existe ni toilettes, ni douches, ni électricité, ni point d'eau. Jorgos Karagiannis, chef de mission de Médecins sans frontières à Samos déclare : « Tous les jours de nouveaux bateaux de réfugiés arrivent à Samos, alors qu'aucune place n'est prévue pour les accueillir[2]. »

À Moria, les milliers de réfugiés qui ne peuvent pas s'assurer d'une place à l'intérieur de la caserne ou de ses annexes, ou sur la place d'armes enclose dans ses murs, s'établissent au-delà, dans les oliveraies alentour. Les abris qu'ils s'y bricolent sont d'une précarité et d'une insalubrité extrêmes. Ici, ni containers ni tentes du Haut-Commissariat pour les réfugiés, mais des cahutes faites de branchages, couvertes de bâches en plastique, ou de fragiles tentes de camping

1. Dans la « Jungle » de Samos, Michael Räber et ses collaborateurs de Swiss Cross Help mènent un combat quotidien contre la sous-alimentation, la gale et les tentatives de suicide des réfugiés.

2. *Le Monde*, 1er-2 novembre 2019.

telles que les utilisent les jeunes touristes en vacances d'été. Dans les taudis des Oliveraies, pas de châlits. Les réfugiés dorment à même le sol, sur des cartons, pour se protéger de l'humidité.

Dans le camp officiel de Moria, l'administration grecque a installé des toilettes qu'on ne peut pas fermer de l'intérieur. Celles-ci sont très souvent totalement insalubres, puantes et sales, et surtout en nombre insuffisant.

Ioannis Balpakakis est un homme vif, d'âge moyen, avec des cheveux gris coupés court. Ses petits yeux noirs scrutent le visiteur avec un mélange de curiosité et de méfiance. Il porte le titre martial de « commandant du camp de Moria ». Son bureau est austère : quelques chaises métalliques, une vaste table couverte de dossiers et de rapports, un ventilateur bruyant, des murs blancs où sont épinglées des statistiques – de grandes pages blanches striées de courbes de différentes couleurs. Un policier massif en uniforme noir garde l'entrée du baraquement.

Balpakakis est un ami de Giorgios Pallis, qui assiste à l'entretien, ce qui explique probablement la franchise de notre échange.

Le commandant du camp est pourtant mal à l'aise. Il est manifestement partagé entre la générosité avec laquelle tout responsable grec est tenu d'accueillir ses visiteurs étrangers et le trouble que lui inspirent mes questions.

Les toilettes sont des cabines métalliques disséminées dans le camp. Leur puanteur m'a choqué. Je pose la question au commandant.

« Combien de personnes doivent se partager une cabine ? »

Il répond : « Je ne sais pas… une centaine peut-être ? »

Moi : « Pourquoi cette puanteur ? »

Le commandant. « Ces toilettes sont parfois bouchées… Je sais ! Mais nous n'avons pas d'argent, que voulez-vous… Et puis les réfugiés n'ont aucune discipline. Surtout les enfants. »

Je demande : « Et les douches ? »

Le commandant : « Une douche pour environ 150 personnes. »

Moi : « Et l'eau chaude ? On m'a dit que même en hiver l'eau chaude manque, des mères ne peuvent pas laver leurs bébés pendant des semaines de peur que ceux-ci n'attrapent une pneumonie. »

Le commandant : « Je sais, je sais, mais l'hiver prochain ça ira mieux. J'ai demandé au ministère, à Athènes, des appareils qui permettront de chauffer l'eau. »

« Combien d'appareils ? »

« Je ne sais pas exactement, mais sûrement quelques-uns. »

Pour les habitants de Lesbos, l'huile d'olive est de loin la source de revenus la plus importante. Avant la pêche et le tourisme. Les camps inofficiels, leur extension permanente, provoquent tout naturellement, entre les propriétaires des oliveraies et les réfugiés, des conflits incessants. Un homme exceptionnel, le docteur Spiros Galinos, médecin et depuis de longues années maire de Mytilène, s'est efforcé des années durant de les désamorcer. Mais frappé par une grave maladie, il a dû renoncer à se représenter aux élections municipales de mai 2019.

Les paysans locaux exercent une pression extrême sur les autorités pour qu'elles limitent le plus possible l'invasion de leurs terres par ces réfugiés. Ce qui a pour effet que la promiscuité et l'entassement dans les abris de fortune deviennent de plus en plus étouffants.

Aujourd'hui, plusieurs milliers de personnes, surtout des familles d'Afghanistan, de Syrie et d'Iran, se pressent dans les camps inofficiels.

Alors que j'exerçais comme rapporteur spécial des Nations unies pour le droit à l'alimentation, j'ai parcouru la Rocinha, la plus grande favela de Rio de Janeiro, les *slums* des Smokey Mountains de Manille et les puantes *shantytowns* de Dacca, au Bangladesh. Mais jamais je n'ai été confronté à des habitations aussi sordides, à des familles aussi désespérées que dans les Oliveraies de Moria.

La gale est une maladie de peau contagieuse provoquée par un parasite, le sarcopte, qui entraîne des démangeaisons purulentes. Dans les *hot spots* de la mer Égée, des milliers de personnes souffrent de la gale à cause des mauvaises conditions d'hygiène et du manque d'eau.

Autour des abris de Moria, les détritus s'accumulent. Les rats et les serpents colonisent les montagnes d'immondices. À défaut d'eau, les prisonniers de Moria ne peuvent laver leur sac de couchage que tous les deux mois. Les poux infestent les containers et les baraquements. Le manque d'eau potable diffuse des maladies de reins sur une large échelle.

Valeria Hänsel, déléguée de l'ONG allemande Border Monitoring, écrit dans un rapport daté de mai 2019 :

> À Moria, les réfugiés manquent de tout : d'abris dignes d'êtres humains, d'installations hygiéniques adéquates, de

soins médicaux, de nourriture suffisante, de vêtements. Après des heures d'attente devant les guichets de distribution de nourriture, beaucoup de personnes s'en retournent, la faim au ventre. La plupart des toilettes sont totalement répugnantes et sales. L'eau ne coule que par intermittence, et seulement pour quelques heures. Les déjections humaines entourent les tentes, notamment dans les camps inofficiels. Beaucoup de femmes nous rapportent avoir été victimes d'agressions sexuelles la nuit, en chemin pour les toilettes. Ces femmes ont peur. La plupart d'entre elles font leurs besoins, la nuit, dans les environs immédiats de leur abri. Dans le camp inofficiel Oliveraies III, un paysan a mis à disposition un tuyau de caoutchouc qui permet à quelques hommes de se doucher à l'eau froide[1].

Le pire, c'est l'hiver. Déléguée du Comité international de la Croix-Rouge, Mathilde Weibel publie en janvier 2019 un « Hommage à Jean-Paul, mort de froid aux portes de l'Europe » :

Cette nuit, Jean-Paul, vingt-quatre ans, est mort. Il avait fait le voyage depuis le Cameroun pour venir mourir aux portes de l'Europe, dans cette ignominie à ciel ouvert qu'on appelle Moria. En décembre dernier, Jean-Paul avait rencontré l'évêque de Mytilène. Il sourit sur la photo, aux côtés de la soutane violette. Il mourait. Il est mort, ils sont morts et ils mourront, d'autres mourront, combien d'autres mourront, ne faisons plus semblant de ne pas savoir.

Depuis deux semaines, les habitants de Moria survivent sans électricité. Les hommes, femmes et enfants de Moria

1. Valeria Hänsel, *Gefangene des Deals, Die Erosion des europäischen Asylsystems auf der griechischen Hotspot-Insel Lesbos*, Munich, 2019.

survivent dans des containers et des tentes sans chauffage ni lumière. Personne ne dort la nuit, le froid insulaire pénètre sous la peau, s'insinue sous les os qu'il endort de l'intérieur. Il fait un degré. On annonce de la neige ces prochains jours[1].

En janvier 2019, les enquêteurs d'Amnesty International ont effectué la dernière en date de leur visite à Moria. Ils constatent :

Excréments et urine s'écoulent à ciel ouvert, attirant les rats et les souris.
– Les médicaments manquent et il n'y a pratiquement pas de médecin pour s'occuper des femmes enceintes, des jeunes enfants ou des personnes malades ou traumatisées.
– Les toilettes ne sont pas éclairées et n'ont pas de verrou. Les femmes, en particulier, y sont harcelées, battues et violées pendant la nuit.
– Il n'y a pas d'école pour les nombreux enfants. Ils doivent jouer dans la boue et les ordures.
– Beaucoup ont faim, parce que les rations alimentaires sont insuffisantes[2].

Leur conclusion : « Ces camps inhumains et surpeuplés doivent être fermés immédiatement[3]. »

Dans *Kaputt*, Curzio Malaparte relate sa visite, revêtu de l'uniforme d'un capitaine de l'armée italienne, au ghetto de Varsovie. Il témoigne du sentiment de honte, de mal-être que lui a inspiré le spectacle de l'humiliation, de l'angoisse

1. Blog de Mathilde Weibel, 10 janvier 2019.
2. Rapport d'Amnesty International, Londres, 2019.
3. *Ibid.*

de tous ces emmurés[1]. Malaparte n'était pas l'auteur direct des horreurs auxquelles il était confronté. Mais en tant que militaire italien, allié aux nazis, il s'est senti coupable de complicité involontaire avec les malfaiteurs.

Circulant parmi les cahutes et tentes d'été des Oliveraies, j'ai éprouvé exactement le même trouble. Je n'étais pas directement responsable de la déchéance humaine que je découvrais, mais en tant qu'Européen, en tant qu'homme qui s'était tu jusque-là, j'avais contribué à la conspiration du silence qui rend possibles ces abominations.

1. Curzio Malaparte, *Kaputt*, Naples, Casella, 1944 (trad. fr., Paris, Denoël, 1946). Le titre renvoie à un mot allemand qui signifie brisé, détruit, réduit en miettes.

VIII

L'unique fois où Moria a fait irruption dans le débat public européen, ce fut en octobre 2018. La tempête Zorba avait provoqué, dans la mer Égée, des vagues de 10 mètres de hauteur. Sur l'île de Lesbos, elle avait ravagé les camps de réfugiés. Le vent hurlait. Le ciel était noir… Derrière les barbelés du camp de la caserne, les larges tentes du Haut-Commissariat pour les réfugiés s'étaient effondrées, les containers s'étaient aplatis et les baraquements logeant les autorités du camp avaient été arrachés à leurs fondations. Le vent avait atteint des vitesses de 200 à 260 kilomètres/heure.

Dans les Oliveraies, la tempête avait déchiré les fragiles tentes de camping et désarticulé la plupart des cahutes, arraché et dispersé les pans de plastique et de tôle ondulée qui leur servent de toit. Les latrines avaient débordé, les matelas, les sacs de couchage, les cuisines élémentaires à même le sol, les provisions, tout était noyé dans une saleté indescriptible.

Les infirmières et médecins de Médecins sans frontières ont pris des photos des enfants tremblant de froid, couchés sur des matelas détrempés. Ils ont photographié et filmé les rivières de déjections fécales s'écoulant des latrines, les foules apeurées, affamées, faisant la queue sous la tempête pour tenter de s'assurer d'un repas chaud, devant des dépôts de nourriture à moitié détruits. Les responsables de Médecins sans frontières ont posté leurs vidéos sur Internet.

À Genève, l'énergique Haut-Commissaire de l'ONU pour les réfugiés Filippo Grandi a sauté dans le premier avion pour Athènes. Là, il a mis le ministre de la Défense Pános Kamménos devant ses responsabilités. Moria étant une ancienne caserne, c'était – et c'est toujours – le ministère de la Défense qui en avait la responsabilité.

Diverses chaînes de télévision internationales, des articles dans la presse européenne ont rendu compte de la tragédie.

À Athènes, le Parlement grec a convoqué le premier (et jusqu'à ce jour unique) débat public visant à traiter des souffrances des réfugiés de Moria. À l'époque, Kyriákos Mitsotákis était le chef de l'opposition. Son verdict : Moria et ses camps sont « une honte nationale ».

Zorba a passé. D'autres images, en provenance d'autres régions de guerre et de souffrance, ont fait oublier les horreurs documentées par Médecins sans frontières. Dans le camp officiel et les Oliveraies I, II, III, les familles de réfugiés continuent de souffrir, prisonnières impuissantes de la bureaucratie européenne, désespérées, oubliées du monde. Elles vivent, comme l'écrit Alexander Behr, un « cauchemar kafkaïen[1] ».

1. Alexander Behr, in *Medico International*, Francfort-sur-le-Main, 2019, p. 12 *sq*.

IX

Accompagné du jeune Naiem Mohamed, notre subtil interprète farsi, et suivi à quelques mètres de distance par cinq policiers grecs fort méfiants, je m'approche d'un container installé près du sommet de la colline. Une famille de réfugiés de Hérat y habite : une mère de vingt-six ans, enceinte de huit mois, un jeune époux craintif dans la trentaine, une fillette de quatre ans.

L'orage vient d'éclater. La pluie transforme l'étroit sentier en fleuve de boue. Naiem demande si nous pouvons entrer, le temps que le déluge passe. Nous sommes les bienvenus. En fait, nous entrons dans un « demi-container » : c'est que le classique container pour réfugiés, installé dans le monde entier par les fonctionnaires du Haut-Commissariat de l'ONU pour les réfugiés, est ici divisé en deux. Une couverture tendue du plafond au sol sépare les espaces de vie de deux familles.

Nos hôtes afghans disposent d'un espace de six mètres carrés. Un châlit rudimentaire en bois à deux étages occupe plus du tiers de l'espace disponible. Des rayonnages faits de vieilles caisses en plastique abritent les quelques très modestes vêtements et chaussures des membres de la famille. Je pose les questions, Naiem traduit, mes accompagnateurs notent les réponses.

La mère a peur. Elle dit : « En Iran, lors de notre premier exil, j'ai dû subir une opération difficile. Mais ici, à Moria, personne ne s'occupe de nous. Il est impossible de faire suivre ma grossesse… Et comment sera la naissance de mon enfant ? »

Le mari confirme : « Le problème, c'est la nourriture. La pression de la foule devant les guichets est terrible, souvent même dangereuse. On risque de se faire piétiner. Parfois, je reviens les mains vides. Des voisins nous donnent alors leurs restes. »

Dehors la pluie a cessé. La petite fille retourne dans la boue et recommence à jouer parmi les ordures.

La vie, dans ces containers subdivisés, est difficilement supportable. Si un enfant (ou un adulte) pleure de l'autre côté de la couverture de séparation, personne dans l'habitacle ne peut dormir. Mais les familles n'ont pas le choix. Le Haut-Commissariat de l'ONU n'a pas livré suffisamment de containers…

Ceux qui ne supportent plus l'entassement dans ces logements de fortune n'ont qu'une autre option : les abris sous plastique dans les Oliveraies. Mais là, il n'y a ni toit ni paroi qui tiennent. Lorsqu'il pleut, l'abri tout entier peut être inondé. Et que dire en hiver ? Le container fournit une faible protection contre le froid et la neige. Les cahutes faites de pans de plastique et de branches sèches s'écroulent souvent sous le poids de la neige.

Semeen Alizada porte un tchador noir. Elle n'a que trente-deux ans, mais son visage édenté est celui d'une vieille femme. Des joues creuses, la peau blême, de beaux yeux bruns, presque immobiles. Elle respire la tristesse, mais aussi la détermination. Ses quatre enfants – Mustapha, trois ans, Azira, quatre ans, et les jumeaux Amir et Timur, douze ans – jouent dans la boue qui entoure l'abri de plastique et de branches sèches, dans le campement Oliveraies II.

J'éprouve pour Semeen beaucoup d'admiration. Dans l'enfer de Moria, elle a réussi à construire – à force d'intelligence, de patience et de volonté – une entreprise qui ressemble à une boulangerie. L'ONG anglaise Save the Children lui a fourni 100 kilos de farine dans des sacs entassés derrière le rideau en plastique qui sert de porte à l'abri familial. Semeen est assise, jambes écartées, devant un trou bordé de pierres. Au fond du trou luisent des braises. Semeen y cuit des galettes de blé. Une foule silencieuse l'entoure. Semeen vend ses galettes 50 centimes pièce.

Naiem Mohamed traduit du farsi. Semeen et sa famille viennent aussi de Hérat, en Afghanistan. Elle était professeure d'anglais, son mari également. Ils étaient tous les deux enseignants au collège de cette grande ville de l'Afghanistan occidental. Lui travaillait occasionnellement comme interprète pour la garnison américaine.

Une nuit de janvier 2018, des talibans masqués ont fait irruption dans leur logement. Ils ont exécuté le mari à bout portant et menacé les jumeaux.

Cette nuit-là, Semeen a pris la fuite avec ses enfants en direction de la frontière iranienne. Plus tard, un contrebandier iranien a organisé, par camion et à pied, le transport de la famille en Turquie.

Parvenue sur les côtes turques de la mer Égée, Semeen a rencontré d'autres passeurs. Pour 1 000 dollars, elle et ses enfants ont trouvé place dans un Zodiac qui, la nuit, s'est engagé dans le détroit. Le moteur était déficient. La mer était déchaînée. L'embarcation a chaviré. Dix-sept personnes ont été noyées, parmi lesquelles la plus jeune fille de Semeen, Mharyam, deux ans.

Où que je regarde, quelle que soit la personne à qui je parle à Moria, je bute sur des tragédies. La très grande majorité des réfugiés, enfants, femmes et hommes, sont marqués par les horreurs vécues dans leur pays d'origine ou par les souffrances et humiliations endurées durant leur longue et douloureuse odyssée.

Beaucoup de jeunes hommes notamment ont subi, dans leur patrie ou dans les pays traversés, des tortures qui se lisent sur les corps : brûlures sur le dos, doigts aux ongles arrachés que l'on montre furtivement au visiteur afin de rendre plus crédible encore le récit de ses souffrances.

X

À mi-pente de la pierreuse colline de Moria se dressent quelques vastes tentes collectives. J'y rencontre un groupe de familles, des survivants des massacres de Yarmouk.

Créé en 1957 à 7 kilomètres au sud de Damas, Yarmouk a été habité jusqu'en 2011 par 200 000 Palestiniens (mais également par des Syriens et des Irakiens). Il ne subsiste aujourd'hui, dans les ruines de Yarmouk, que 16 000 personnes.

Yarmouk a été, jusqu'à sa destruction en 2017, le plus grand camp de réfugiés palestiniens au monde. En fait, ce camp de réfugiés gigantesque est une ville. Et au cours du demi-siècle écoulé, cette ville a incorporé les banlieues damascènes de Hajar al-Aswad, Tadamoun et Qadam.

Yarmouk, c'est le nom d'une rivière. Mais c'est aussi, et surtout, celui de la victoire remportée sur ses rives en 636 par les guerriers du Califat naissant contre les armées de l'Empire romain d'Orient, mettant fin à la domination byzantine en Syrie. Cette victoire marque le début de l'expansion musulmane à travers le monde.

J'avais visité Yarmouk dans le passé. Je me souviens du dédale de ruelles, des échoppes colorées, des hôpitaux, des parcs, des écoles ornées de noms de martyrs, des immeubles de dix étages, des fontaines joyeuses, de la vie bruyante, industrieuse, des restaurants de kebab odorants, de la musique partout.

À vol d'oiseau, Ramallah est à moins de 200 kilomètres de là. Mais aucune autorité palestinienne n'a jamais réussi à établir une relation permanente (d'autorité ou de solidarité) avec cet immense camp de réfugiés.

Dès le déclenchement de la guerre syrienne, en mars 2011, Yarmouk a vécu un calvaire. Les Palestiniens ont été – dans leur écrasante majorité – totalement étrangers à cette boucherie. Mais rapidement, les terroristes de l'État islamique (des djihadistes maghrébins, européens et asiatiques en grand nombre) ont envahi la ville. Dès 2013, les soldats de Bachar el-Assad l'ont encerclée, la soumettant à un blocus alimentaire. L'UNRWA[1] a dû suspendre ses fournitures de nourriture et de médicaments. Des dizaines de milliers d'enfants, d'hommes et de femmes sont alors morts de faim et d'épidémie.

Les bombardements au napalm et aux bombes à fragmentation par les Soukhoï russes ont transformé la ville en un paysage lunaire, déchiquetant, mutilant des milliers d'habitants.

Aujourd'hui, de nombreux survivants de Yarmouk attendent toujours derrière les barbelés de Moria – souvent depuis plus d'un ou deux ans – que les fonctionnaires

1. United Nation Relief and Work Agency, responsable des 5,5 millions de réfugiés palestiniens, créée par la Résolution n° 194 de l'Assemblée générale de l'ONU en 1948.

européens de l'EASO veuillent bien les convoquer pour un premier « interrogatoire ».

Leurs récits m'ont glacé le sang.

Ahmed, notre interprète pour la langue arabe, est lui-même originaire de Yarmouk. Les deux familles de réfugiés palestiniens qui nous reçoivent dans leurs tentes collectives ont manifestement confiance en lui. On nous parle librement, sous l'empire d'une sorte de désespoir mêlé de colère.

Un des pères de famille est cardiologue, formé à Paris. Un autre est avocat : il a survécu aux bombardements de terreur russes et syriens avec trois de ses enfants (deux autres ont péri). L'un et l'autre connaissent parfaitement le fonctionnement des organisations interétatiques et des administrations nationales. Ils cherchent à comprendre. Qui sont les responsables de l'enfer de Moria ?

Je n'ai moi-même aucune réponse définitive à donner.

Le jovial Ioannis Balpakakis, commandant du camp, accuse à mots à peine voilés le gouvernement d'Athènes, parce qu'il lui refuse les ressources nécessaires pour loger et nourrir convenablement les réfugiés.

Le ministre grec des Migrations et celui de la Santé accusent, à leur tour, l'UE pour le manque de soutien financier. Les bureaucrates de Bruxelles dénoncent, eux, la léthargie et l'indifférence de l'administration grecque, qui omettrait de demander ce surplus d'aide dans les formes juridiques requises…

La Commission de l'UE rejette toute accusation d'indifférence. Durant les cinq dernières années, elle a transféré aux autorités grecques une somme de plus de 1 milliard d'euros. Mais le soupçon de corruption empoisonne les relations entre Bruxelles et les ministres grecs.

XI

Le droit humain à l'alimentation, tel qu'il découle de l'article 11 du Pacte international relatif aux droits économiques, sociaux et culturels[1], se définit comme suit :

> Le droit à l'alimentation est le droit d'avoir un accès régulier, permanent et libre, soit directement, soit au moyen d'achats monétaires, à une nourriture qualitativement et quantitativement adéquate et suffisante, correspondant aux traditions culturelles du peuple dont est issu le consommateur, et qui assure une vie psychique et physique, individuelle et collective, libre d'angoisse, satisfaisante et digne.

Parmi tous les droits de l'homme, le droit à l'alimentation est certainement celui qui est le plus constamment et le plus massivement violé sur les *hot spots* de la mer Égée.

La distribution de nourriture à l'intérieur du camp officiel a lieu deux fois par jour, en huit endroits différents. Les réfugiés parqués dans les Oliveraies I, II, III y ont également

1. Adopté par l'Assemblée générale des Nations unies le 16 décembre 1966.

accès. Dans l'enceinte de la caserne se dressent des baraquements affectés aux guichets de distribution.

D'ordinaire, c'est le père de famille ou un jeune fils qui fait la queue. Il faut compter entre deux et quatre heures. Le bénéficiaire tient en main les cartes d'identité de la famille. Les fonctionnaires du camp postés derrière des guichets étroits examinent les cartes, puis passent les barquettes en plastique aux ayants droit. Chaque réfugié a droit également à une bouteille en plastique d'un litre et demi d'eau potable par jour.

Généralement, c'est la cohue devant les guichets. Régulièrement, nombre de bénéficiaires repartent les mains vides. Aux dires unanimes des réfugiés, la nourriture distribuée est insuffisante et souvent immangeable.

L'alimentation des réfugiés dépend exclusivement du ministère de la Défense à Athènes, dont dépend l'ancienne caserne. Ce sont donc les bénéficiaires des millions d'euros de l'UE qui concluent les contrats de livraison avec les entreprises privées de *catering* sur le continent. Ces entreprises livrent quotidiennement des montagnes de récipients en plastique au port de Mytilène, puis au camp de Moria.

Durant mon séjour, j'ai assisté à une dizaine de distributions. Par quatre fois, j'ai vu la foule ouvrir les récipients, renifler la viande, le poulet ou le poisson et jeter immédiatement ces aliments, ne conservant généralement que le riz et les pommes de terre qui les accompagnaient. J'ai pu m'en convaincre moi-même : les « ragoûts » dégageaient une odeur nauséabonde. Ils étaient immangeables.

Dans le modeste bureau blanc du commandant du camp, dont les murs sont recouverts de cartes maritimes et terrestres, l'atmosphère est lourde. On aurait presque pitié de Ioannis Balpakakis.

« Que voulez-vous ? Nous hébergeons à Moria des familles et des personnes issues de 58 nationalités différentes, ayant les préférences, les goûts, les interdits alimentaires les plus divers. Comment les contenter tous ? C'est impossible ! »

J'insiste : « Je vous comprends parfaitement. Mais la question n'est pas la diversité alimentaire, c'est la qualité de cette nourriture, la présence de tous ces aliments immangeables ! J'ai vu des réfugiés soulever le couvercle des barquettes contenant viande ou poisson et aussitôt jeter leur contenu dans une des grandes poubelles du camp. Et j'ai, comme eux, senti cette odeur nauséabonde. Pour le père de famille chiite de Bahreïn, sunnite de Palestine ou chrétien de Bassora, un poisson avarié est un poisson avarié – cela n'a rien à voir avec une quelconque particularité culturelle. »

Le vieux ventilateur grésille. Le commandant se tait. Tout à coup il dit : « J'ai demandé mon transfert. Je vais quitter Moria prochainement. »

Je me lève, lui serre la main. Chaleureusement, avec compassion. Sur ses lèvres, je devine un soupir de soulagement.

Dehors la pluie a repris. Tout le monde – fonctionnaires grecs, soldats, policiers, militants de la société civile internationale ou grecque, agents de l'ONU – est informé du scandale de la nourriture avariée servie dans les *hot spots*.

À Mytilène, j'en parle à Astrid Castelein, une jeune femme blonde et réservée qui dirige l'office local du Haut-Commissariat de l'ONU pour les réfugiés. Elle connaît son métier. Elle maîtrise parfaitement le vocabulaire aseptisé de l'ONU. Sa réponse : « J'ai entendu parler de ces problèmes.

Mais l'alimentation des réfugiés ne fait pas partie des activités qui nous ont été confiées en vertu des accords entre le Haut-Commissariat et le gouvernement grec. »

La Grèce est un pays hautement développé, qui dispose notamment d'infrastructures touristiques exceptionnelles. Des entreprises de *catering* livrent quotidiennement de la nourriture de qualité à des dizaines de milliers d'hôtels et de restaurants sur les îles et le continent. Pourquoi pas à Moria ? La réponse entendue le plus souvent est celle-ci : à cause de l'abyssale corruption de certains militaires grecs. Dans les *hot spots*, ils sont les seuls maîtres à bord. Un État dans l'État. L'armée grecque est une institution profondément réactionnaire, qui a plusieurs fois dans le passé fomenté des putschs contre le pouvoir constitutionnel. La dernière dictature militaire en date a sévi de 1967 à 1974. Le gouvernement soutenu par Syriza est issu de cette extrême gauche tant honnie par les militaires. Preuve en est, le gouvernement Tsípras – responsable des *hot spots* de la mer Égée jusqu'à mi-2019 – n'a pas osé toucher à leurs prérogatives exorbitantes.

Quant aux autorités européennes – notamment la Cour des comptes et l'Office européen de la lutte antifraude (OLAF) –, elles enquêtent... Sans grande conviction, il faut le dire, et sans avoir reçu jusqu'à présent toutes les informations nécessaires à leur travail, et notamment les fameux contrats de fourniture alimentaire passés entre les généraux et les entreprises privées.

XII

De mai 1919 à octobre 1922, pendant trois ans et cinq mois, tandis que les vainqueurs de la Première Guerre mondiale œuvraient au démantèlement de l'Empire ottoman vaincu[1], une effroyable guerre a opposé en Anatolie occidentale l'armée grecque aux troupes kémalistes[2] turques. Elle a fait des dizaines de milliers de morts, des centaines de milliers de mutilés et de blessés.

La grand-mère maternelle de mon ami Stelios Kamnarokos a péri dans l'incendie de Smyrne (Izmir). Son grand-père paternel a été fusillé par des soldats turcs. En 1922, le traité de Lausanne a mis fin aux affrontements armés, redessiné les frontières et fondé la Turquie moderne. Il en a résulté une terrible chasse aux Grecs en Asie mineure, sur les côtes de la mer Noire, du Bosphore et des Dardanelles. Près de 2 millions d'hommes, de femmes et d'enfants grecs ont perdu

1. Traité de Sèvres, 1920.

2. Du nom du révolutionnaire Mustafa Kemal Atatürk, commandant des forces nationalistes turques, premier président de la République de Turquie proclamée en 1923.

leurs habitations et ont reflué vers la Grèce, notamment en Thrace, en Macédoine et sur les îles de la mer Égée. On estime à environ 60 % de la population actuelle de Lesbos les descendants de réfugiés grecs d'Asie mineure.

Moins de cent ans séparent donc la majorité des habitants de l'île de la tragédie vécue par leurs ancêtres, la « Grande Catastrophe ». Trois générations – soit une période mémorielle relativement brève.

La mémoire de l'angoisse, des souffrances de leurs ancêtres expulsés, réfugiés dans une patrie que la plupart d'entre eux découvraient, est aujourd'hui présente dans la conscience des habitants de Lesbos. Elle influence leur conduite. On constate certes des heurts et des frictions entre la population autochtone et les prisonniers de Moria, à l'occasion notamment, je l'ai dit, de l'extension continue des camps inofficiels dans les oliveraies. Mais, dans la très grande majorité des cas, les gens de Lesbos – toutes classes sociales et tous partis politiques confondus – témoignent à l'endroit des requérants d'asile une bienveillante solidarité.

De nombreuses initiatives locales l'attestent. Le Art Hope Center n'est éloigné de Mytilène que de quelques pas vers le sud. Des militantes et militants de la société civile venus de toute l'Europe ont créé ce centre culturel autogéré avec des réfugiés en 2017. Des dons venus du monde entier ont permis de louer trois immenses hangars. Philippa, une énergique et chaleureuse Britannique d'une quarantaine d'années, vit sur l'île avec son mari grec depuis plus de vingt ans. Elle est l'une des fondatrices du Centre. Elle nous reçoit avec enthousiasme et fierté. Dans une salle proche de la mer, nous assistons à la répétition d'une troupe de théâtre amateur composée de réfugiés, la plupart provenant des Oliveraies où la circulation est libre. Le sujet de la pièce est évidemment la vie des requérants d'asile, les interrogatoires qu'ils subissent, l'interminable attente de la décision des autorités grecques.

Philippa est une femme pragmatique, entreprenante, formidablement efficace :

> Regardez là-bas, sous les arbres. Ce sont nos apprentis artistes peintres. Ils apprennent l'art de l'aquarelle auprès de deux artistes de Mytilène. Et plus loin, vous entendez ces sons de guitare ? C'est Israël, un Congolais de dix-huit ans qui a fui il y a cinq ans les massacres tribaux de son Kasaï natal, où il a perdu en une seule nuit toute sa famille sous les coups de machettes des assassins. Il a survécu à une terrible odyssée. Maintenant, il enseigne la guitare au jeune Afghan qu'il a croisé dans l'Oliveraie I.

Elle se tait, écoutant en silence la chanson lointaine entamée par Israël. Puis elle dit – et ses yeux bleus sont comme voilés :

> L'art est important. Il faut qu'après tout ce qu'ils ont vécu, et devant le désespoir qui les guette, leur âme puisse respirer. Mais peut-être que la dignité du corps est tout aussi importante. D'Angleterre, d'Allemagne, de Hollande, de France, nous recevons des containers remplis de produits d'hygiène et de vêtements offerts la plupart du temps par des donateurs anonymes.

Philippa rit : « Le seul problème que nous rencontrons, c'est que les vêtements sont généralement trop grands. Les Européens mangent plus et sont plus corpulents que les réfugiés… »

De 150 à 200 réfugiés, surtout des jeunes filles et des jeunes hommes, fréquentent quotidiennement le Art Hope Center.

Autre témoignage de la lumineuse solidarité des autochtones avec les hommes et femmes en fuite : dans un immeuble traditionnel de la vieille ville de Mytilène, deux femmes grecques, Lena et Ephgenia, ont ouvert un restaurant – le « Nan » (*nan* est le nom donné à la traditionnelle galette de blé afghane). Des réfugiés y travaillent avec des employés de Lesbos.

J'y rencontre une jeune Afghane. Elle est bloquée sur l'île depuis quatre ans, mais depuis trois mois, elle travaille comme cuisinière au Nan. Elle est presque heureuse « pour la première fois de ma vie », comme elle l'affirme en souriant. Hafiz est un homme élancé, à la moustache fine et au teint mat. Il a trente-deux ans. Lui aussi est depuis quatre ans détenu sur l'île. Originaire de la ville pakistanaise de Lahore, il a été menacé de mort par les talibans locaux. Son crime : il lui est arrivé de rater l'une ou l'autre des cinq prières quotidiennes que l'Islam prescrit au croyant. Aujourd'hui, il est lui aussi cuisinier au Nan. Il m'assure : « J'aime notre restaurant. Il y a des mets très divers. Beaucoup de clients très différents fréquentent notre local. C'est comme une grande famille. » Lena, qui écoute notre conversation, acquiesce discrètement. Elle est fière de ses compatriotes. À juste titre.

Mais l'organisation de solidarité la plus efficace à Lesbos est probablement l'ONG Refugee Support Aegean. Elle regroupe une douzaine d'avocats et avocates, presque tous natifs des îles. Natassa Strachini m'a dit tout ce que son collectif de défenseurs des requérants d'asile doit au soutien d'organisations venues de la société civile européenne.

Deux personnalités en particulier, des dirigeants de deux puissantes ONG allemandes, soutiennent le travail de Refugee Support Aegean : Thomas Gebauer, président prestigieux de la fondation Medico International, et Karl Kopp, courageux président de Pro Asyl. Leur soutien financier (mais aussi politique) permet à Natassa et à ses confrères de défendre des requérants déboutés devant la cour d'appel à Athènes. Dans certains cas, le collectif a même arraché une victoire devant la Cour européenne des droits de l'homme à Strasbourg.

Natassa Strachini, Dimitris Tschoulis et leurs dix confrères ont fermé leurs cabinets privés. Ils sont engagés à plein temps dans leur lutte pour les droits des réfugiés.

Lesvos Solidarity est une association d'habitants de l'île. Elle a été fondée en 2015, après le naufrage d'un bateau dans le détroit qui avait coûté la vie à 22 réfugiés, dont 11 enfants. Les habitants de Lesbos ont créé, pour inhumer ces morts, un cimetière à la lisière sud de Mytilène.

L'association soutient la construction d'un lieu d'accueil pour les réfugiés malades et les enfants sans famille. Le regroupement de quelques baraquements – un ancien camp de vacances pour écoliers grecs – a été baptisé « Pikpa-Camp ». Près de 200 réfugiés y sont déjà accueillis. Disséminés sous les pins, entourés de massifs odorants de fleurs, les baraquements sont accueillants. J'y rencontre une femme d'âge moyen, aux yeux rayonnant d'énergie et de bonté. Ute Guiewob est pasteure à Berlin. Elle passe ses congés à Lesbos, apportant aux réfugiés de Pikpa-Camp les dons offerts par ses paroissiens allemands – vêtements, articles hygiéniques, etc.

Mosaik est un autre de ces lieux d'accueil informels, construits et entretenus par Lesvos Solidarity.

Lena Altinoglu, cofondatrice du restaurant Nan, est une des militantes les plus déterminées de Lesvos Solidarity. Dans son restaurant, autogéré par des Grecs et des réfugiés, les gens parqués dans les camps inofficiels des Oliveraies – à deux heures de marche – et les habitants de Mytilène se rencontrent, se parlent. Souvent à l'aide d'interprètes volontaires. Lena me dit : « Ils se parlent, vous savez, et cela n'a pas de prix. Les réfugiés se sentent tout à coup reconnus comme des êtres humains. Ils oublient pour quelques heures l'angoisse du renvoi et les souvenirs traumatisants qui les habitent. »

Au-dessus de la ruelle de la vieille ville où s'alignent les tables et les chaises en bois du Nan, des myriades d'étoiles brillent dans le ciel. L'air est doux.

Lena Altinoglu n'est pas elle-même originaire de Lesbos, mais elle a enseigné l'anglais pendant des dizaines d'années au lycée local. Parvenue à l'âge de la retraite, elle n'est pas retournée sur la terre ferme. Je lui demande pourquoi. Elle me répond : « À cause des réfugiés. »

Je pourrais multiplier ici les exemples de cette formidable solidarité, de la bienveillance et de la compassion des habitants de Lesbos pour les persécutés. Ceux de Samos, Chios, Leros et Kos ne se conduisent pas différemment, à en croire de nombreux témoins.

Fabiola est une jeune femme mariée à un Grec de l'île. De profession, elle est masseuse diplômée. Régulièrement, elle se rend dans les cahutes des Oliveraies. Elle y masse gratuitement les réfugiés blessés ou paralysés, soulage leurs douleurs. Un jour, au fond d'un abri de fortune, elle découvre, tordu de douleur, étendu sur une natte à même le sol, un jeune homme à la moustache fine. Sohrab Shizrad, vingt-cinq ans, est afghan. À Kaboul, il était chauffeur de camion dans une entreprise privée. Un matin, sur une route grouillante de monde, des talibans ont attaqué son camion au bazooka. Sohrab s'en est miraculeusement tiré. Mais une de ses jambes est grièvement atteinte. Malgré ses douleurs, Sohrab est parvenu jusqu'au *hot spot* de Lesbos.

Fabiola intervient auprès de l'unique médecin militaire responsable de la santé à Moria. En vain. Elle tente une démarche d'urgence auprès des médecins de l'hôpital de Mytilène. Nouvel échec. Les médecins examinent le blessé. Pour extraire les éclats métalliques demeurant dans la jambe, il faudrait pouvoir s'attacher les services d'un chirurgien spécialisé. Or, il n'y en a aucun à l'hôpital.

Mais Fabiola n'est pas femme à se laisser décourager facilement. Elle a une amie suisse, Mathilde, qui travaille à la délégation du Comité international de la Croix-Rouge. Ensemble, elles dénichent un chirurgien orthopédiste à Athènes et obtiennent un permis de voyage temporaire pour Sohrab. L'orthopédiste est d'accord pour opérer le blessé. Coût : 4 000 euros. Fabiola et Mathilde dressent la liste de leurs amis en Europe. Elles réunissent la somme.

Au moment où j'écris ces lignes, ma femme Erica reçoit un message de Mathilde[1]. L'opération est réussie, la jambe de Sohrab est sauvée de l'amputation. Après un séjour de convalescence de quatre mois, également financé par des dons, Sohrab devra impérativement retourner à Moria.

Dernier exemple de solidarité : les avocates et avocats du collectif Refugee Support Aegean ont documenté le calvaire

1. Mathilde Weibel, *Pièges à rêves. « Voir Mytilène et mourir »*, Irida Graphic Arts Ltd, 2019, paru en 2017 sous la forme d'un blog sur Médiapart ; et *Place des Fêtes. Journal d'un exil parisien*, Lormont, Le Bord de l'eau, 2018, qui traite des squats de réfugiés à Paris.

d'un jeune Syrien appelé Humama (nom d'emprunt). Un destin qui en illustre des milliers d'autres.

Humama raconte : « Je n'ai que très peu de souvenirs de ma vie d'avant la guerre. Je ne me souviens que de mon école à Homs qui, dès le début de la guerre, a cessé de fonctionner. » Humama avait alors treize ans. L'enfant a été presque quotidiennement le témoin de bombardements, d'assassinats, d'arrestations de voisins par les agents des services secrets de Bachar el-Assad.

Un événement l'a tout particulièrement marqué. Il raconte :

> Un matin de mars 2017, des voisins sont venus nous voir pour nous informer de la mort de mes grands-parents. Mon grand-père s'était réveillé tôt à l'aube pour aller prier à la mosquée. Un tireur d'élite de l'armée gouvernementale, couché sur un toit proche, l'a tué d'une balle dans la tête. Alertée par le bruit, ma grand-mère a couru dans la rue. Le *sniper* l'a abattue. Pendant des heures, les deux corps sont restés étendus l'un à côté de l'autre. Personne n'osait les approcher. Plus tard, des voisins nous ont apporté les deux corps.

Jeune adolescent, Humama a été contraint de travailler comme messager et porteur pour un groupe de miliciens dont il ne se rappelle plus l'identité. Il a été maltraité et battu.

Son père, un petit entrepreneur du bâtiment, alors veuf, avait été victime d'un infarctus. Puis, en septembre 2016, la maison familiale avait été détruite par un bombardier russe. Heureusement qu'à ce moment-là la maison était vide. Personne n'avait été tué. Mais l'année d'après, Humama et son père malade ont décidé de fuir.

Pendant neuf mois, avec l'aide de divers passeurs, ils ont tenté de traverser la frontière entre la Syrie et la Turquie.

Par trois fois ils ont subi le feu des garde-frontière turcs. Finalement, ils sont parvenus à atteindre le territoire turc, mais ils ont été arrêtés peu après leur arrivée et retenus dans un commissariat de police.

Humama raconte :

> Pour nous humilier, les policiers nous forçaient à nettoyer à mains nues les toilettes du commissariat. Lorsque mon père refusait d'exécuter un ordre, il était frappé avec une matraque électrique. Durant tout notre temps au commissariat – lorsque nous n'étions pas au travail –, nous avions les poignets entravés par des câbles. J'ai vu des petits enfants ligotés de cette manière-là aussi.

Contre rançon, Humama et son père ont finalement été libérés après trois mois par les policiers turcs. Ils sont alors partis pour Izmir. Avec leurs derniers sous, ils ont réussi à se procurer deux places sur un Zodiac en partance pour Lesbos.

À Moria, les fonctionnaires polonais, bulgares, belges, suédois et autrichiens de l'EASO ont jugé « crédible » le récit de Humama sur les maltraitances que son père et lui avaient subies de la part des policiers turcs (et dont les traces étaient visibles sur ses poignets, son dos et ses jambes). En revanche, les fonctionnaires européens ne se sont pas intéressés à ce qu'il avait vécu en Syrie – et donc aux raisons de sa fuite. Ces fonctionnaires européens et, par la suite, les fonctionnaires grecs du RAO (Lesbos Regional Asylum Office – Bureau régional de Lesbos en matière d'asile) ont donc rejeté la demande d'asile de l'adolescent. Il a alors été arrêté et incarcéré dans la prison de haute sécurité située au milieu du camp de Moria, où sont retenus les réfugiés destinés à être expulsés et ramenés *manu militari* en Turquie.

Humama y a passé quatre mois dans un isolement presque complet.

Selon les règles absurdes gouvernant les procédures de l'EASO, le dossier du père a été examiné séparément – une façon de faire qui aboutit fréquemment à la séparation des familles, quelques-uns de leurs membres étant admis à déposer une demande d'asile, les autres subissant un ordre immédiat de refoulement.

Dans ce cas précis, bien qu'il ait prononcé contre le père le même refus de considérer une demande d'asile que contre le fils, l'EASO a suspendu l'exécution du renvoi du père. C'est ainsi qu'au lieu d'être immédiatement incarcéré comme son fils dans la « prison de la prison » au centre du camp, le père a bénéficié du droit à un contrôle médical. En décembre 2018, l'EASO a reconnu son état de « personne vulnérable » et lui a accordé le droit de déposer sa demande d'asile. Quant à l'adolescent, son état psychique et mental, à l'isolement dans sa cellule, se détériorait rapidement.

Ayant eu vent de la souffrance de Humama, les avocats du collectif du Refugee Support Aegean se sont donc mobilisés et ont dénoncé le traitement inhumain qui lui était infligé. L'autorité grecque a finalement ordonné son transfert sur le continent dans une clinique psychiatrique pour un traitement « sous contrainte ».

Au moment où j'écris ces lignes, les destins de Humama et de son père sont toujours incertains.

XIII

Cécile Ducourtieux a été pendant cinq ans l'excellente correspondante du journal *Le Monde* à Bruxelles. Au moment de quitter la Belgique pour prendre son poste de correspondante à Londres, elle a été interrogée par sa rédaction sur les moments les plus mémorables qu'elle avait vécus à Bruxelles[1]. Voici sa réponse :

> Le sommet a commencé la veille (18 mars 2016). Le tout se joue entre 2 heures et 7 heures du matin. Les 28 viennent de s'entendre avec les autorités turques pour qu'elles acceptent de barrer la route des Balkans aux migrants. En conférence de presse (à l'aube du 19 mars), Ahmet Davutoğlu, le Premier ministre turc, tient des propos virulents, électrisant un peu plus l'atmosphère. Trois ans ont passé. Mais je me rappelle encore du stress de cette nuit… Le sentiment de vivre un moment très peu glorieux, une défaite morale de l'Union.

Que s'est-il passé exactement pendant cette nuit du 18 au 19 mars 2016, dans l'immense salle à l'ameublement

1. *Le Monde*, 4-5 août 2019.

futuriste et à la lumière blafarde du siège de l'UE ? En Allemagne, la généreuse politique d'accueil des réfugiés mise en œuvre par Angela Merkel – l'intégration de plus de 1,5 million de réfugiés – avait subi un échec. Dans plusieurs Länder, l'Alternative für Deutschland (AfD), parti raciste et xénophobe d'extrême droite, avait fait des progrès électoraux fulgurants. Soutenue par le Premier ministre des Pays-Bas, Merkel avait dû élaborer en secret une proposition d'accord qui avait pris par surprise les autres délégations à Bruxelles.

En vertu de cette proposition, la Turquie s'engagerait à renforcer le contrôle de ses frontières, à reprendre sans réserve tous les requérants d'asile renvoyés de Grèce. En contrepartie, elle recevrait, jusqu'en 2018, 6 milliards d'euros. Pour chaque demandeur d'asile renvoyé d'Europe en Turquie, l'UE s'engagerait à accepter sur son sol un réfugié syrien se trouvant légalement en Turquie. Les négociations avec la Turquie en vue de son adhésion à l'UE reprendraient. En outre, les dispositions concernant l'obtention de visa par les citoyens turcs seraient revues et allégées.

Cet accord, arraché au forceps par la chancelière allemande, a suscité dans la société civile internationale, notamment européenne, des condamnations virulentes. Pro Asyl l'a qualifié de « *reiner Wahnsinn* » (« pure folie »). Médecins sans frontières, qui, jusqu'à l'accord, avait entretenu une clinique à Moria, n'acceptant pas que l'accord exclue du droit d'asile tout requérant autre que syrien, a quitté le camp pour installer une infirmerie au pied de la colline, à l'extérieur des murs du camp.

L'indignation a été particulièrement vive en France. Pourtant, le président de la République, François Hollande, présent au sommet des 18-19 mars 2016, n'a pas élevé la voix, se contentant de subir passivement la décision d'Angela Merkel.

Sous la plume de Jean Quatremer, *Libération* a consacré quatre pleines pages à l'analyse de la genèse de l'accord. Sa conclusion est sans appel : « Pour les Vingt-Huit, *exit* le droit d'asile[1]. » Dans son éditorial, Laurent Joffrin écrit : « Quel étrange silence de la France dans ce douloureux dossier des réfugiés du Moyen-Orient. [...] La patrie des droits de l'homme s'abstient d'apparaître, laissant la chancelière allemande élaborer seule un accord dont beaucoup pensent qu'il revient à vider d'une grande partie de son contenu le droit d'asile, pourtant garanti par de solennelles conventions internationales[2]. »

L'accord entre l'UE et la Turquie a rapidement tourné à l'échec.

Les réfugiés ont continué d'affluer sur les îles de la mer Égée, quoiqu'en nombre inférieur comparé à 2016. Exemple : en une seule journée, le 30 août 2019, 502 réfugiés de 12 nationalités différentes – parmi lesquels 183 enfants – ont débarqué sur le littoral de Lesbos. La dérive autoritaire du régime Erdogan fait que les conditions d'attribution de visas européens aux citoyens turcs n'ont pas été substantiellement modifiées et que les négociations d'admission de la Turquie à l'UE sont toujours au point mort. Quant aux 6 milliards d'euros attribués par l'UE au gouvernement d'Ankara, loin

1. *Libération*, 19-20 mars 2016.
2. *Ibid.*

d'améliorer l'accueil turc des réfugiés syriens, entre autres, ils ont essentiellement servi à l'érection d'un mur de séparation de 750 kilomètres entre le nord-ouest de la Syrie et la Turquie.

Première conséquence de l'accord : l'augmentation de la population dans les *hot spots*.

Mais, l'une des conséquences les plus dangereuses de l'accord Merkel/Erdogan est la montée en puissance, à l'intérieur des *hot spots*, de cette institution européenne peu connue que j'ai évoquée plus haut, l'EASO.

Rappel.

L'EASO a été fondé en 2010. Son quartier général est à Malte. Il est composé de fonctionnaires appartenant aux 28 États membres de l'UE. Sa tâche : assister les autorités nationales pour accélérer le traitement des requêtes d'asile. De fait, les fonctionnaires – femmes et hommes – de l'EASO sont quasiment tout-puissants. Ce sont eux aussi qui mènent les premiers interrogatoires des requérants et établissent leur dossier.

Sur le papier, l'EASO respecte la souveraineté de l'État grec (comme de l'État italien). Ce n'est pas lui qui statue sur la demande d'asile : cette compétence appartient exclusivement à l'Office régional d'asile grec, à la cour d'appel d'Athènes et aux 12 juges du Conseil d'État, juridiction suprême en Grèce. Mais l'EASO établit le dossier. Les autorités grecques concernées n'ont aucun contact avec les requérants (ou alors très exceptionnellement).

De nombreuses instances critiquent sévèrement le travail de l'EASO. L'European Center for Constitutional and Human Rights (ECCHR) à Berlin réunit des juristes internationaux de haut niveau. En 2017, cette ONG a introduit une plainte auprès de Mme Emily O'Reilly, *ombudswoman*, c'est-à-dire déléguée de l'UE pour les plaintes déposées contre des irrégularités commises par l'EASO. Les juristes de Berlin ont déposé deux plaintes détaillées et documentées. La première : les fonctionnaires maltais, français, belges, bulgares, suédois, etc., de l'EASO ne consacrent à l'interrogatoire des requérants que quinze minutes en moyenne. Or, les destins souvent tragiques subis par les requérants requièrent, pour être formulés et compris, un examen bien plus long. Il s'y ajoute que la qualité professionnelle des interprètes utilisés par l'EASO est fréquemment déficiente. Pour des raisons d'économie, l'EASO recrute souvent ses interprètes parmi les réfugiés eux-mêmes.

La deuxième plainte porte sur les délais exagérément longs avant que soit fixée la date du premier entretien. J'ai moi-même rencontré plusieurs familles requérantes qui attendaient leur première convocation... depuis deux ans. Et cela, dans les conditions sanitaires et nutritionnelles épouvantables que j'ai décrites.

Le médecin de Yarmouk formé à Paris, dont j'ai évoqué plus haut l'existence, est arrivé avec sa famille à Moria en février 2019. Il a reçu une convocation pour... juin 2020. Selon les juristes berlinois, ces délais exagérément longs équivalent à un déni de droit.

La plainte des juristes de Berlin a été déposée à Bruxelles en 2017. La réponse, reçue en avril 2019, admet qu'il existe des « lacunes graves » dans le déroulement des interrogatoires. Pour autant, la déléguée de l'UE explique qu'aucune enquête européenne ne sera diligentée, la solution du problème incombant aux autorités grecques.

En juin 2018, le groupe parlementaire « Les Verts » au Parlement européen a publié un rapport détaillé sur le fonctionnement des *hot spots* – et notamment sur les méthodes de l'EASO à Lesbos, Samos, Chios, Leros et Kos. Ses auteurs sont Yiota Masouridou et Evi Kyprioti[1]. Celles-ci ont examiné en détail quarante cas de demandes d'asile traitées sur les cinq *hot spots*.

Résultat : dans trente cas, le droit élémentaire de déposer une requête d'asile a été violé par les distorsions procédurales dont se sont rendus responsables les fonctionnaires de l'EASO. Mais pour Les Verts, le problème est plus profond. Selon eux, en matière d'asile, les États souverains ne devraient jamais déléguer leurs compétences à des agences européennes. Les autorités nationales doivent demeurer seules responsables du respect du droit à chaque étape de l'examen de la requête. Par ailleurs, comme la quasi-totalité des ONG (Amnesty International, Pro Asyl, Medico International, Human Rights Watch, etc.), les parlementaires verts refusent d'admettre que la Turquie soit un « pays sûr » ou un pays de premier asile. Aucun requérant d'asile ne devrait donc y être renvoyé.

En 2019, la Turquie a accueilli 3,6 millions de Syriens. Elle ne leur accorde pas l'asile proprement dit, mais un régime de protection temporaire. Elle procède régulièrement à des renvois de réfugiés en Syrie[2]. Elle protège par

1. *The EU-Turkey Statement and the Greek Hot Spots, a Failed European Pilot Project in Refugee Policy*, préface d'Eva Joly, Bruxelles, 2018.

2. Benjamin Barthe et Marie Jégo, « Chez les Syriens d'Istanbul, la peur de l'expulsion », *Le Monde*, 1er août 2019.

ailleurs l'accès à son territoire, on l'a dit, par un mur de 750 kilomètres muni de mitrailleuses à déclenchement automatique. Selon Michelle Bachelet, nommée en 2018 nouvelle Haute-Commissaire de l'ONU aux droits de l'homme, les droits de l'homme ne sont pas protégés d'une « manière satisfaisante » par le gouvernement Erdogan[1]. Un euphémisme.

1. Voir son discours à la 41e session du Conseil des droits de l'homme de l'ONU, juin 2019.

XIV

Les Nations unies adorent les commémorations. 2019 est l'année du 30e anniversaire de la signature de la Convention relative aux droits de l'enfant. De somptueuses cérémonies sont prévues au Haut-Commissariat aux droits de l'homme, au palais Wilson à Genève, sur les bords du Léman. Ces cérémonies d'autocélébration servent à l'ONU à masquer sa propre impuissance. Cette Convention, qui a instauré une protection particulièrement rigoureuse des droits de l'enfant – l'enfant étant défini comme un être humain de moins de dix-huit ans –, est une conquête de civilisation qui mérite d'être défendue.

Pratiquement tous les États du monde, sauf les États-Unis, l'ont signée et ratifiée. Dans certains États des États-Unis, en effet, la loi permet encore l'exécution des condamnés à mort de moins de dix-huit ans, ce qui exclut l'adhésion de Washington à la Convention.

Un comité de dix-huit experts internationaux administre la Convention. Chaque État signataire doit présenter tous les cinq ans un rapport sur les mesures qu'il a prises en faveur des droits des enfants. Pendant de longues années, le comité a été présidé par Jean Zermatten, juge des mineurs du canton du Valais (Suisse). Celui-ci a accompli un travail tout à fait remarquable. Voici ce que disent le préambule et les principaux articles de la Convention.

> Les États parties à la présente Convention,
> [...]
> Reconnaissant que l'enfant, pour l'épanouissement harmonieux de sa personnalité, doit grandir dans un climat de bonheur, d'amour et de compréhension.
> Considérant qu'il importe de préparer pleinement l'enfant à avoir une vie individuelle dans la société et de l'élever dans l'esprit des idéaux proclamés dans la Charte des Nations unies, et en particulier dans un esprit de paix, de dignité, de tolérance, de liberté, d'égalité et de solidarité.
> [...]
> Ayant à l'esprit que, comme indiqué dans la Déclaration des Droits de l'enfant, « l'enfant, en raison de son manque de maturité physique et intellectuelle, a besoin d'une protection spéciale et de soins spéciaux, notamment d'une protection juridique appropriée, avant comme après la naissance ».
> [...]
> Sont convenus de ce qui suit :
>
> **Article premier**
> Au sens de la présente Convention, un enfant s'entend de tout être humain âgé de moins de dix-huit ans, sauf si la majorité est atteinte plus tôt en vertu de la législation qui lui est applicable.
>
> **Article 2**
> 1. Les États parties s'engagent à respecter les droits qui sont énoncés dans la présente Convention et à les garantir à tout enfant relevant de leur juridiction, sans distinction aucune, indépendamment de toute considération de race, de couleur,

de sexe, de langue, de religion, d'opinion politique ou autre de l'enfant ou de ses parents ou représentants légaux, de leur origine nationale, ethnique ou sociale, de leur situation de fortune, de leur incapacité, de leur naissance ou de toute autre situation.
[…]

Article 3
1. Dans toutes les décisions qui concernent les enfants, qu'elles soient le fait des institutions publiques ou privées de protection sociale, des tribunaux, des autorités administratives ou des organes législatifs, l'intérêt supérieur de l'enfant doit être une considération primordiale.
2. Les États parties s'engagent à assurer à l'enfant la protection et les soins nécessaires à son bien-être, compte tenu des droits et des devoirs de ses parents, de ses tuteurs ou des autres personnes légalement responsables de lui, et ils prennent à cette fin toutes les mesures législatives et administratives appropriées.
3. Les États parties veillent à ce que le fonctionnement des institutions, services et établissements qui ont la charge des enfants et assurent leur protection soit conforme aux normes fixées par les autorités compétentes, particulièrement dans le domaine de la sécurité et de la santé et en ce qui concerne le nombre et la compétence de leur personnel ainsi que l'existence d'un contrôle approprié.

Article 4
Les États parties s'engagent à prendre toutes les mesures législatives, administratives et autres qui sont nécessaires pour mettre en œuvre les droits reconnus dans la présente Convention. Dans le cas des droits économiques, sociaux et culturels, ils prennent ces mesures dans toutes les limites des ressources dont ils disposent et, s'il y a lieu, dans le cadre de la coopération internationale.
[…]

Article 22
1. Les États parties prennent les mesures appropriées pour qu'un enfant qui cherche à obtenir le statut de réfugié ou qui est considéré comme réfugié en vertu des règles et procédures du droit international ou national applicable, qu'il soit seul ou accompagné de ses père et mère ou de toute autre personne, bénéficie de la protection et de l'assistance humanitaire voulues pour lui permettre de jouir des droits que lui reconnaissent la présente Convention et les autres instruments internationaux relatifs aux droits de l'homme ou de caractère humanitaire auxquels lesdits États sont parties.
2. À cette fin, les États parties collaborent, selon qu'ils le jugent nécessaire, à tous les efforts faits par l'Organisation des Nations unies et les autres organisations intergouvernementales ou non gouvernementales pour protéger et aider les enfants qui se trouvent en pareille situation et pour rechercher les père et mère ou autres membres de la famille de tout enfant réfugié en vue d'obtenir les renseignements nécessaires pour le réunir à sa famille. Lorsque ni le père, ni la mère, ni aucun autre membre de la famille ne peut être trouvé, l'enfant se voit accorder, selon les principes énoncés dans la présente Convention, la même protection que tout autre enfant définitivement ou temporairement privé de son milieu familial pour quelque raison que ce soit.

En 2019, plus de 35 % des réfugiés emprisonnés dans les cinq *hot spots* de la mer Égée sont des enfants.

Qu'ils soient détenus dans les camps officiels ou inofficiels, les enfants n'ont aucun accès à l'éducation ou aux fameuses « activités propres aux enfants » (*child friendly activities*). Le Haut-Commissariat de l'ONU pour les réfugiés constate :

> Les enfants manquent d'eau potable adéquate, d'alimentation suffisante, d'école, d'occasion de jeux… Ils subissent des abus sexuels et autres violences de la part d'adultes, notamment des gardes. Ces enfants à qui nous avons parlé sont angoissés, isolés et vulnérables. Ils ont l'impression d'être traités comme des prisonniers, parfois comme des criminels, au lieu d'être traités comme des personnes vulnérables. L'absence presque totale d'information dans ces camps provoque chez ces enfants un traumatisme[1].

Et, plus loin :

> Le traumatisme sévère vécu par la majorité de ces enfants constitue un danger pour leur santé mentale et leur développement. Les enfants rencontrés ont indiqué qu'ils n'ont reçu aucune assistance psychologique depuis leur arrivée sur l'île[2].

Les envoyés du Haut-Commissariat concluent : « *Europe is failing these children* » (« L'Europe est coupable de manquement à l'égard de ces enfants »)[3].

Le destin le plus tragique est probablement celui des mineurs non accompagnés.

D'où proviennent-ils ?

Les bombardements de terreur des Soukhoï russes, le napalm, les bombes à fragmentation de l'aviation syrienne ou les grenades diffusant le gaz sarin de l'artillerie de Bachar

1. *Migrant Children Face Grim Human Rights Conditions in Greece*, Genève, ONU-HCH, 2019.
2. *Ibid.*
3. *Ibid.*

el-Assad ont tué et continuent d'assassiner et de mutiler des milliers de personnes. Des centaines de milliers de familles ont été décimées. Les orphelins mineurs prennent alors la fuite. Tout seuls ou en compagnie d'autres enfants orphelins.

Nombre de personnes – des Syriens, des Irakiens, des Afghans, des Iraniens, etc. – dont j'ai recueilli le récit à Moria m'ont confié des expériences souvent terrifiantes. Pour la plupart, la fuite a été un long calvaire : la torture, l'extorsion, le pillage, la détention arbitraire dans des conditions inhumaines, infligée par les soldats, les douaniers, les policiers, les mafieux des pays qu'ils ont traversés ; puis la traversée de la mer Égée, où selon les vents et les saisons, les naufrages sont fréquents. Ce calvaire dure parfois deux ou trois ans. Des familles entières sont décimées par les naufrages. Sur terre, il n'est pas rare que les interventions policières séparent les membres d'une même famille. Brutalement, un enfant se retrouve seul. Il a été séparé *de facto* de ses parents. Il ne les retrouvera sans doute jamais. Le nombre des enfants non accompagnés ne cesse de croître sur les *hot spots* de la mer Égée.

Patrice Mansour est un homme discret, dans la quarantaine. Ses yeux sont tristes. Il est libanais d'origine, mais a été naturalisé suédois. Il travaille pour le HCR.

Je le rencontre sous l'avant-toit du baraquement de l'Organisation internationale pour la migration (OIM). L'averse vient de passer. Le sol est un marécage. Deux gamins aux grands yeux noirs, corps frêle, sourire éclatant, jouent au football avec une boule de chiffons. Le premier porte un maillot sale déchiré. Le short du second, rigide de saleté, est troué. Ils ont neuf ou dix ans, chevelures noires hirsutes. Tous les deux jouent pieds nus, le corps éclaboussé de boue. Mais ils se donnent avec passion à leur sport favori.

Mansour les connaît bien. Il leur parle en arabe, leur apporte parfois du papier et des crayons de couleur pour que, installés sous l'avant-toit de la baraque, ils puissent dessiner et oublier pendant quelques heures l'angoisse qui les habite.

« Quel gâchis ! » me dit Mansour.

Les deux gamins syriens sont prisonniers des murs et des barbelés OTAN depuis deux ans et demi. Il n'existe aucune école (ni évidemment de jardin d'enfants) à Moria.

Quel gâchis en effet ! Quel temps perdu pour l'éducation de ces deux gamins, qui ont l'âge de mon petit-fils Karim.

Les deux petits footballeurs évoluant sous mes yeux dans la boue devant la baraque de l'OIM sont des enfants non accompagnés. Le premier est le seul survivant d'une famille qui vivait à Yarmouk. Les bombes à fragmentation de Poutine ont tué sa mère, son père, ses deux petites sœurs et son unique frère.

Patrice Mansour me raconte : « Le petit a quitté les ruines de sa rue avec d'autres survivants. Les adultes ont été maltraités, leur argent extorqué en Turquie. Finalement, grâce à leurs derniers sous, des passeurs les ont entassés dans un Zodiac. Direction Lesbos. »

Quant au second gamin, d'apparence plus âgé mais dont le regard dit la même inquiétude, il a fui avec sa mère la Ghouta en feu. Son père, un boulanger, avait été arrêté des années auparavant par des agents secrets de l'aviation syrienne. On ne l'a jamais revu. Le gamin en parle comme d'un étranger. Sa mère, sa petite sœur et son frère aîné se sont noyés une nuit de tempête dans le détroit.

Un bateau de pêcheurs l'a repêché. Il est désormais seul au monde. Un enfant réfugié non accompagné derrière les barbelés OTAN posés en triple rangée sur le mur du camp de réfugiés de Moria.

La Convention exige que les enfants non accompagnés puissent dormir séparés des adultes. Or, dans les grandes tentes fournies par le Haut-Commissariat pour les réfugiés, au camp officiel, où 15 personnes au minimum trouvent place, ou dans les cahutes branlantes des Oliveraies, les mineurs non accompagnés sont mêlés à des adultes de toute provenance.

La nuit, ils leur sont livrés sans aucune protection.

Selon Médecins sans frontières, les abus sexuels dont sont victimes les mineurs non accompagnés, sans défense aucune, sont nombreux et répétés.

Selon la loi grecque, c'est le procureur de la République qui exerce la tutelle sur les enfants mineurs non accompagnés. Mais François Crépeau, rapporteur spécial de l'ONU pour les droits des migrants, accuse : « Du fait du grand nombre d'enfants non accompagnés arrivant sur les îles, le procureur n'est pas en mesure d'agir efficacement pour la sauvegarde des droits des enfants[1]. »

Depuis la visite des enquêteurs de la section « migration et droit d'asile » du Haut-Commissariat de l'ONU aux droits de l'homme, puis celle du rapporteur spécial du Conseil, rien n'a véritablement changé pour les enfants. Abyssale hypocrisie des gouvernements européens ! Au moment où ils se préparent à fêter bruyamment le 30e anniversaire de la Convention relative aux droits de l'enfant, ils tolèrent sans ciller le martyre des enfants de Moria.

1. François Crépeau, Rapport à la 35e session du Conseil des droits de l'homme, Genève, juin 2017.

XV

J'admire le Haut-Commissariat de l'ONU pour les réfugiés (HCR). D'abord pour son histoire, ensuite pour les actions qu'il mène actuellement. Rapporteur spécial des Nations unies pour le droit à l'alimentation, j'ai suivi de très près un certain nombre d'actions conduites par les principaux responsables du HCR, dont certains ont été, ou sont toujours, mes amis.

Un mot d'histoire pour commencer.

Le puissant Haut-Commissariat est une création de 1919, fruit du traité de Versailles et de la charte de la Société des Nations. À l'origine, il portait le nom de Centre d'aide aux réfugiés et était intégré au Secrétariat général de la Société des Nations à Genève.

Quand, en janvier 1933, les nazis sont arrivés au pouvoir à Berlin, l'Allemagne faisait partie de la SDN[1]. Mais dès son entrée à la chancellerie, Hitler a commencé à persécuter les communistes, les socialistes et les juifs. L'un des livres qui m'ont le plus marqué dans ma jeunesse est celui

1. L'Allemagne avait rejoint la SDN en 1926.

du grand comédien communiste et juif Wolfgang Langhoff, *Die Moorsoldaten* (*Les Soldats du marais*). Or, en 1933, Langhoff fut kidnappé par une bande de SS dans son théâtre de Hambourg. On perdit sa trace au camp de Börgermoor.

Un certain nombre de lois issues de la République de Weimar demeurèrent néanmoins en place, si bien que l'ancienne légalité continua de fonctionner jusqu'à un certain point. Plusieurs journaux purent, par exemple, publier des avis de recherche de Wolfgang Langhoff. Le Polizeipräsident, autorité policière suprême à Hambourg, compatissait avec sa famille, mais, contre les SS, il ne pouvait à l'évidence rien faire. En Allemagne, le sol se dérobait sous les pieds des victimes. Après treize mois, Langhoff fut pourtant libéré du camp de Lichtenburg où il avait été transféré. Il s'exila aussitôt en Suisse, à Zurich, où il devint rapidement l'un des comédiens les plus en vue du Schauspielhaus[1].

Dès le printemps 1933, nombre d'Allemands menacés durent se résoudre à quitter l'Allemagne. Le Centre d'aide aux réfugiés de la SDN les aidait à fuir et à se réinstaller tant bien que mal en Europe ou en Amérique. Hitler entra alors dans une fureur noire. Il exigea de la SDN qu'elle mît immédiatement un terme à son assistance aux réfugiés allemands, notamment aux juifs. Sir Eric Drummond, le jeune secrétaire écossais de la SDN, tergiversa, dépêcha émissaire sur émissaire à Berlin, tenta d'amadouer le dictateur. Rien n'y fit. Finalement, Drummond, qui voulait absolument

1. *Die Moorsoldaten* parut à Zurich au Schweizer-Spiegel Verlag, en 1935. En 1945, Langhoff s'installa à Berlin, où il prit la direction du Deutsches Theater.

sauvegarder le caractère universel de la SDN, trouva une solution : le Centre d'aide aux réfugiés fut dissous.

À 60 kilomètres de Genève, à Lausanne, Drummond créa alors une nouvelle organisation, formellement indépendante de la SDN, et la nomma « Haut-Commissariat pour les réfugiés ». Hitler se calma pour un temps. Puis, prenant conscience de l'efficacité du travail d'exfiltration, de protection et de réinstallation accompli par le Haut-Commissariat pour les réfugiés, il claqua la porte de la SDN en 1936.

Le Haut-Commissariat pour les réfugiés de l'ONU est une organisation puissante et formidablement efficace[1]. Je le rappelle : près de 60 millions d'enfants, de femmes et d'hommes, parmi lesquels on compte 25 millions de réfugiés de la violence, sont aujourd'hui à la recherche d'une protection internationale.

L'organisation compte 9 300 collaborateurs et collaboratrices. Son budget ordinaire excède les 6,2 milliards d'euros, mais les dépenses ne sont pas entièrement couvertes par les recettes, et le HCR souffre en permanence de sous-financement. Or, régulièrement, les États (notamment occidentaux) réduisent leurs contributions, invoquant la crise économique…

Le Haut-Commissaire entretient des bases logistiques sur les cinq continents. En cas d'afflux massif de réfugiés, son temps de réaction est de quarante-huit heures. Dans un très court laps de temps, les premières latrines sont creusées, les premières villes de tentes érigées, les premières citernes et conduites d'eau posées et les premiers centres de soins d'urgence installés.

1. Le HCR a été intégré à l'ONU en 1945.

Le HCR bénéficie d'un accord permanent avec le Programme alimentaire mondial (PAM), autre organisation d'une rare efficacité, dotée d'une flotte aérienne et de camions performants. C'est le PAM qui nourrit quotidiennement les 450 000 réfugiés du camp de Dahab (pour la plupart somaliens), dans le nord aride du Kenya, et les 300 000 persécutés massalites, fours et zaghawas à Nyala, victimes au Darfour de la répression de l'armée soudanaise et de leurs supplétifs, les Janjawids.

C'est ainsi que des hommes et des femmes, dont l'énergie et la détermination sont le plus souvent exceptionnelles, ont dirigé ces dernières années (depuis le siège du HCR, avenue de France à Genève) l'aide d'urgence aux victimes des folies humaines.

De 2005 à 2015, c'est António Guterres, nommé par Kofi Annan, qui a assuré les fonctions de Haut-Commissaire. Avant lui, l'organisation avait été dirigée par une Japonaise menue à la volonté de fer, Sadako Ogata.

Sadako Ogata avait deux adjoints immédiats, l'un et l'autre tout à fait remarquables : le Tunisien Kamel Morjane et le Brésilien Sergio Vieira de Mello. Des relations d'amitié et de solidarité me liaient, et me lient à jamais, à ces deux hommes.

Accueillir, abriter, nourrir, soigner, protéger les réfugiés est une chose, les rapatrier dans des conditions acceptables dans leur pays d'origine, lorsque la guerre est finie et qu'y reprendre une vie normale redevient possible, en est une autre.

En 1992, Sergio Vieira de Mello a organisé le retour de plusieurs centaines de milliers de réfugiés cambodgiens des camps du nord de la Thaïlande vers leurs régions d'origine dévastées par les Khmers rouges. De son côté, Kamel Morjane a œuvré au rapatriement de centaines de milliers de Congolais et de Rwandais.

On peine à imaginer ce que ces rapatriements de masse postconflit, dans des situations où la haine, la soif de vengeance sont encore brûlantes, exigent en termes de patience et de talent diplomatique.

Sergio Vieira de Mello est mort tragiquement. Après que les États-Unis eurent, en mars 2003, bombardé puis envahi l'Irak contre la volonté du Conseil de sécurité, les relations entre le président George W. Bush et l'ONU ont été rompues, ce qui annonçait le pire pour l'organisation. Kofi Annan a alors fait appel à Sergio Vieira de Mello, son ami le plus proche qu'il venait de nommer au Haut-Commissariat aux droits de l'homme, pour assurer une mission particulière : se rendre à Bagdad et y ouvrir – en marge des troupes d'occupation – une représentation de l'ONU. À Bagdad, Sergio avait installé son quartier général à l'hôtel Canal.

Le mardi 19 août 2003 à 16 h 30, le camion d'un djihadiste rempli d'explosifs a détruit presque entièrement l'hôtel. Vingt et un collaborateurs et collaboratrices de Sergio ont été assassinés.

Les bulldozers et les grues des forces américaines étant occupés ailleurs, Sergio lui-même a vécu une atroce agonie, coincé pendant des heures sous les travées de béton du bâtiment effondré.

Il avait passé trente-quatre ans au service de l'ONU.

L'actuel Haut-Commissaire Filippo Grandi est de la même trempe que tous ces hommes et femmes qui l'ont précédé, bien que son curriculum vitae soit totalement différent du leur. Grandi n'est issu ni de la diplomatie ni de l'administration d'État. Tout de suite après ses études de philosophie et d'histoire à l'université de Milan, il est parti travailler pour une organisation catholique d'aide aux réfugiés dans des camps de Thaïlande. Depuis lors, il a œuvré à la protection des réfugiés au Soudan, au Congo, en Irak, en Syrie.

En Afghanistan, il a été responsable du rapatriement de réfugiés, sans doute le plus conséquent de l'histoire.

En 2014, il a dirigé l'UNWRA (United Nations Work and Relief Agency) qui, je l'ai rappelé, s'occupe de 5,5 millions de Palestiniens – les descendants des réfugiés chassés et retenus loin de leur patrie par la terreur israélienne.

Juillet 2019 : Adama Dieng, représentant spécial du secrétaire général de l'ONU pour la prévention des génocides, est de passage à Genève. Il me dit : « Tu sais, António avait plus de pouvoir, il était plus influent et plus libre lorsqu'il était Haut-Commissaire pour les réfugiés que depuis qu'il est secrétaire général de l'ONU. » Adama a probablement raison. Le secrétaire général des Nations unies est strictement encadré. Tous les mercredis, il déjeune au restaurant des délégués, dans le gratte-ciel du quartier général au bord de l'East River à New York, avec les ambassadrices et ambassadeurs des cinq États disposant d'un siège permanent au Conseil de sécurité. Chacun de ces États détient un droit de veto sur les initiatives du secrétaire général. C'est à l'occasion de ces déjeuners que sont acceptées ou invalidées les propositions d'António Guterres.

Rien de tel pour le Haut-Commissaire pour les réfugiés. Son indépendance est presque totale, son prestige indiscutable, sa liberté de décision et d'action pratiquement sans limites.

C'est pourquoi son absence à Moria et sur les *hot spots* en général est pour moi absolument incompréhensible.

Comment l'expliquer ? Il existe plusieurs réponses possibles (mais aucune excuse). Le Haut-Commissaire doit faire face à une tâche titanesque avec des moyens réduits. Je le redis : entre les réfugiés de la violence, les déplacés intérieurs et les migrants relevant d'autres catégories, près de 60 millions de personnes sont sur les routes ou en mer sur notre planète.

Le Haut-Commissaire agit, par ailleurs, sur une base de subsidiarité : ce qu'un État membre de l'ONU peut faire, le Haut-Commissariat ne le fait pas. C'est pourquoi aujourd'hui seuls des accords de collaboration ponctuelle sont en vigueur entre la section Europe du Haut-Commissariat et le gouvernement d'Athènes. Mais le principe de subsidiarité ne saurait être invoqué lorsque les États auxquels le Haut-Commissaire délègue ses compétences violent d'une façon si évidente les normes élémentaires du droit international public.

Pour rappeler les exigences de l'ONU, pour imposer le respect de la Convention de 1951 relative au statut des réfugiés, bref, pour mettre un terme à l'horreur des *hot spots* en mer Égée et ailleurs, Filippo Grandi, militant humanitaire et catholique de gauche, devrait de toute urgence affronter les fonctionnaires sourds et aveugles de Bruxelles.

Or, il ne le fait pas.

Je tiens son refus pour impardonnable.

XVI

La loi grecque reconnaît la notion de « personne vulnérable ». Une personne vulnérable a, par définition, accès au traitement de sa demande d'asile. Elle ne peut être frappée de renvoi immédiat.

Sont considérés comme vulnérables :

– les enfants réfugiés non accompagnés ;

– les personnes pouvant prouver qu'elles ont été torturées dans leur pays d'origine ou/et durant leur fuite ;

– les femmes enceintes ;

– les victimes de maladies graves ;

– les victimes de violences dans leur pays d'origine ou/et au cours de la fuite ;

– les survivantes et survivants de naufrages.

Les avocats grecs du collectif Refugee Support Aegean, les juristes du Centre berlinois pour les droits constitutionnels et humains, mais aussi l'avocate américaine Ariel Rickel, fondatrice du collectif Advocates Abroad[1], reprochent aux

1. Voir Anina Ritscher, « Asylanwältin auf Lesbos. Juristische Fachkenntnisse als Waffe » (« Une avocate spécialiste de l'asile à Lesbos.

fonctionnaires de l'EASO d'oublier fréquemment – volontairement ou par négligence – d'interroger les réfugiés sur leur état de vulnérabilité. Ce qui permet de les exclure de la protection que ce statut leur accorde.

Dans le *Discours sur l'origine et les fondements de l'inégalité parmi les hommes*, Jean-Jacques Rousseau écrit en 1755 : « Dans les relations d'homme à homme, le pire qui puisse arriver à l'un est de se voir à la discrétion de l'autre[1]. »

Rappelons la procédure. Les fonctionnaires européens de l'EASO mènent le premier interrogatoire du réfugié. Ils examinent si celui-ci a le droit ou non de déposer une requête d'asile (l'expression technique est : « interview d'admission »). Si tel est le cas, le dossier – établi par l'EASO – est transmis aux autorités grecques. Celles-ci statuent en première instance et décident si l'asile est accordé ou non. Un appel devant la cour d'appel à Athènes puis un appel devant la Cour suprême sont possibles. Fondé en 2010 en tant qu'instance de coopération et d'entraide devant assister les autorités d'asile nationales surchargées, l'EASO affirme respecter totalement la souveraineté des États (ici, la Grèce). Ce Bureau procède au préenregistrement, transmet son dossier d'interrogatoire à l'autorité grecque et y ajoute ses recommandations. L'autorité nationale juge sur la base de ce dossier.

Des compétences juridiques comme armes »), *Wochen Zeitung*, Zürich, 16 novembre 2017.

1. Paris, Gallimard, « Bibliothèque de La Pléiade », t. III, 1964, p. 271-272.

Mais les fonctionnaires – trop peu nombreux – de l'EASO travaillent avec la lenteur que l'on sait. Certes, la Grèce connaît une institution particulière : l'*ombudsman* pour les réfugiés. Les militants et les militantes des ONG internationales peuvent faire appel à lui dans les cas particulièrement révoltants.

Un exemple. La fondatrice de Advocates Abroad, l'avocate américaine Ariel Rickel, a découvert dans un commissariat du *hot spot* de l'île de Samos un jeune homme de quinze ans ligoté sur une chaise. Il avait été violemment battu par les policiers grecs, avait eu des côtes cassées et présentait une blessure ouverte au ventre. Il était resté entravé dans cet état pendant quatre nuits et trois jours. Ariel Rickel l'a trouvé gémissant de douleur et de soif. Elle a fait alors appel à l'*ombudsman*. Celui-ci s'est déplacé à Samos, a exigé la libération du garçon et l'a fait transférer dans un hôpital sur le continent[1].

Caroline Willemen est une jeune femme belge au regard lumineux, aux convictions inébranlables. Elle dirige la mission que Médecins sans frontières a installée au pied de la colline de Moria, à l'extérieur de la redoutable enceinte du camp officiel. Les tentes et baraques blanches de la mission s'élèvent juste en face de la grande porte de fer et du poste de policiers armés qui gardent l'entrée de la forteresse. En compagnie d'Ihab Abassi, son adjoint, elle nous reçoit dans le container blanc qui lui tient lieu de bureau.

1. Récit d'Ariel Rickel à Valeria Hänsel, *op. cit.*, mars 2017.

Je me souviens de ce mot de Jean-Jacques Rousseau : « Les hommes n'eussent jamais été que des monstres, si la nature ne leur eût donné la pitié à l'appui de la raison[1]. »

Caroline Willemen respire la compassion et l'intelligence. Elle nous présente une analyse fine, subtile des ravages que l'on subit au camp. La plupart des réfugiés sont désespérés. La longue attente, les conditions de détention, l'incertitude totale quant à l'avenir, l'impuissance face à l'EASO les traumatisent. Ce trauma s'ajoute pour beaucoup aux souffrances déjà vécues dans le pays d'origine – sous les bombardements, dans les caves de torture. S'y ajoute encore, dans de nombreux cas, le calvaire subi durant la fuite.

Initiative très rare : Médecins sans frontières a ouvert ici une mission prioritairement destinée aux soins psychiatriques, notamment des enfants traumatisés. Tout près de la pièce où nous discutons, je découvre le baraquement où les gens attendent. La salle est pleine. Des pères de famille, des adolescents, des adolescentes attendent sur le seuil de la porte ouverte.

Sur le corps de ces jeunes, les scarifications sont nombreuses. Les cicatrices proviennent le plus souvent des automutilations. Ces jeunes mutilent au couteau leurs avant-bras, enfoncent le couteau dans leurs mollets. Comment interpréter ce geste ? Caroline : « C'est le désespoir. Ils se sentent abandonnés de tous, isolés. L'automutilation est comme un cri de secours. »

1. Jean-Jacques Rousseau, *Discours sur l'origine et les fondements de l'inégalité parmi les hommes*, *op. cit.*

Mes pensées s'envolent trente ans en arrière vers ces nuits de Recife au Brésil, où j'ai découvert des fillettes de dix, de quatorze ans aux bras, aux joues et aux jambes marquées de cicatrices. Dom Hélder Câmara, archevêque d'Olinda, avait recueilli ces enfants des rues dans une maison au voisinage de l'église baroque des Fronteiras (Frontières) appartenant à l'archidiocèse d'Olinda et Recife. À sa mort, un jeune homme exceptionnel de foi et de courage, Demetrius Demetrio, lui avait succédé à la tête de ce qui était devenu la Comunidade dos Pequenos Profetas (« Communauté des Petits Prophètes »). C'est lui qui, cette nuit-là, m'accompagnait dans les rues de Recife. Je lui ai demandé : « Pourquoi ces mutilations ? »

Demetrius : « Les fillettes sont abusées régulièrement par des policiers ou des criminels ordinaires… Pour manger, elles doivent voler… Elles survivent grâce à la colle – la drogue la moins chère. »

Moi : « Mais pourquoi l'automutilation ? »

Demetrius : « Elles me disent qu'elles veulent se punir de leur mauvaise vie. »

Une autre nuit, un garçon d'environ dix ans me dit : « *Eu tenho cola porque não tenho vida* » (« J'ai [je prends] de la colle parce que je n'ai pas de vie »). Ses bras étaient constellés de cicatrices.

La situation des enfants de Moria et celle des jeunes drogués de Recife ne sont pas identiques, bien sûr. Mais l'abyssal désespoir qui habite les enfants est le même.

Die Zeit, à Hambourg, l'hebdomadaire phare de la bourgeoisie allemande cultivée, n'est vraiment pas une publication d'extrême gauche. Pourtant, elle a consacré récemment un article à Moria sous le titre : « Les gens ici vivent comme des bêtes[1]. »

Caroline Willemen suit nombre d'enfants sur de longues périodes. Elle fait écho au constat de *Die Zeit* : « Ces enfants sont traités d'une façon inhumaine, comme des animaux. » Elle se tait. Ses yeux sont embués. Puis, songeuse, elle ajoute : « Je n'aurais jamais cru que des choses pareilles étaient possibles en Europe. »

À Moria, les tentatives de suicide sont nombreuses, non seulement chez les adultes mais aussi chez les enfants.

Alessandro Barberio travaille comme psychiatre à Médecins sans frontières. Alarmé par l'accroissement rapide des tentatives de suicide, il a publié la lettre ouverte suivante :

> Durant toutes mes années de pratique médicale, je n'ai jamais été témoin d'un nombre aussi important de personnes souffrant de problèmes de santé mentale aussi graves, comme je le constate actuellement chez les réfugiés de l'île de Lesbos. La grande majorité des êtres que je vois montrent des symptômes psychotiques, expriment des pensées de suicide – ont même fait des tentatives de suicide. Ils sont souvent confus. Ils ne sont pas en état d'assumer les fonctions quotidiennes élémentaires, comme dormir, manger d'une façon normale, entretenir une hygiène adéquate du corps et communiquer normalement avec autrui[2].

Barberio s'efforce d'expliquer cette situation :

> Quand ils arrivent à Lesbos, ils pensent toujours voir une sorte de lumière après des expériences très difficiles. Mais

1. « Die Leute hier leben wie die Tiere », *Die Zeit*, 24 mai 2019.
2. Alessandro Barberio, publication MSF, 17 septembre 2018.

ils découvrent ensuite que le cauchemar n'est pas terminé. Dans le camp de Moria, ils doivent gérer une longue attente et ils ne peuvent rien faire[1].

La journaliste Sarah Halifa-Legrand confirme ce diagnostic. Son reportage a été publié dans *Le Nouvel Observateur* sous le titre : « Lesbos, l'île où les migrants deviennent fous[2]. »

Déléguée du Comité international de la Croix-Rouge, Mathilde Weibel résume la situation :

> Ce qu'on remarque d'abord ce sont les marques de scarifications sur leurs avant-bras. O., trente-quatre ans. S., vingt-deux ans. M., vingt ans. A., vingt-six ans. Syrien, Afghan, Kurde, Irakien. Tous égaux face au désespoir et à la rage qui monte un peu plus chaque jour. Devenus fous d'attendre et de tourner en rond. Les scarifications ne sont que la part la plus visible de ce qui les ronge. Il est plus dur de regarder leurs yeux. Et quand on finit par demander ce qui est arrivé, on entend inlassablement la même réponse. « Moria ». [...]
>
> À Moria, on attend pour tout. Les douches froides, l'accès aux toilettes, les distributions de nourriture moisie ou de vêtements sales et trop grands. On erre entre les allées moites, on tape dans un ballon de foot, et on tente d'oublier le temps qui ne passe pas en fumant des cigarettes, les yeux baissés le long des oliveraies. On essaie de ne pas se mêler aux bagarres quotidiennes, on se fait tout petit, pour ne pas prendre parti. Le soir, on s'allonge sur un tapis de sol entre une mère et un petit frère, priant pour trouver le sommeil dans la tente immense au milieu des soupirs des uns et des murmures des autres.
>
> [...]

1. *Ibid.*
2. *Le Nouvel Observateur*, 20 juin 2019.

En espagnol, *moría* veut dire *il mourait*. Et c'est ça, qu'on fait, à Moria. On meurt à petit feu. Doucement. Intérieurement. D'abord en tombant malade, toujours, les premiers jours. La fatigue, la nourriture, le manque d'hygiène. Puis en perdant l'espoir. Alors un jour, on finit par le saisir, ce couteau qu'on refusait de voir. Qu'on croyait réservé aux autres, aux faibles. Non, un jour, sans savoir comment, c'est nous qui nous mettons à faire comme eux sans pouvoir nous arrêter de regarder le sang couler.

Et plus loin :

À Lesbos, la beauté du paysage ne sert qu'à accentuer l'horreur de ce qui s'y passe. Sur les plages puis dans les cafés, les touristes turcs côtoient les naufragés syriens, au point qu'on ne sait bientôt plus qui est qui, quand le crépuscule succède à la blancheur du jour. Le long des côtes, en partageant les pistes avec les chèvres qui se lèvent péniblement quand arrive la voiture, le bleu de la mer attire le regard vers la côte turque, et les yeux encore éblouis par le coucher du soleil on peine alors à distinguer l'orange fluorescent des milliers de gilets de sauvetage jetés là, dans une décharge, parce qu'il faut bien les mettre quelque part. Certains ont déjà blanchi, abandonnés depuis plusieurs mois. Au premier plan, un petit tas s'impose. Orange vif. Les arrivées d'hier.

Chaque jour, environ 100 personnes arrivent sur l'île en bateau, de la Turquie si proche – 7 kilomètres – que certains sont même venus à la nage. Plus tôt cette semaine, on a vu arriver à Mistegna, à 16 kilomètres au nord de Mytilène, un bateau avec à son bord 72 personnes – 18 femmes, 20 hommes, 34 enfants. Deux jours plus tard, cinq bateaux ont accosté à Lesbos, faisant monter le nombre des arrivées du jour à 203 personnes. On les amènera à Moria, les enregistrera, puis les laissera végéter dans les limbes d'une administration engluée, nouvelle Calypso retenant dans ses filets ceux qui ont échoué sur son île. Une infime proportion d'entre eux sera autorisée à quitter l'île pour Athènes après dix, quinze mois d'attente, Syriens en tête. Les autres, Kurdes, Afghans, Maliens, *e. a.* seront renvoyés en Turquie, d'où ils disparaîtront pour un temps des radars européens. Avant qu'ils tentent à nouveau le voyage[1].

1. Mathilde Weibel, *Pièges à rêves. « Voir Mytilène et mourir »*, *op. cit.*, p. 7-11.

XVII

Les *hot spots* violent la plupart des droits de l'homme des détenus qu'ils abritent. Ils violent en particulier le droit d'asile. Boutros Boutros-Ghali, ancien secrétaire général des Nations unies aujourd'hui décédé, précise :

> En tant qu'instrument de référence, les droits de l'homme constituent le langage commun de l'humanité grâce auquel tous les peuples peuvent, dans le même temps, comprendre les autres et écrire leurs propres histoires. Les droits de l'homme sont, par définition, la norme ultime de toute politique [...]. Ils sont, par essence, des droits en mouvement. Je veux dire par là qu'ils ont à la fois pour objet d'exprimer des commandements immuables et d'énoncer un moment de la conscience historique. Ils sont donc, tous ensemble, absolus et situés[1].

1. Cité par Hervé Cassan, « La vie quotidienne à l'ONU du temps de Boutros Boutros-Ghali », in *Mélanges offerts à Hubert Thierry*, Paris, Éditions Pedone, 1998, p. 8.

Encore Boutros-Ghali :

> Les droits de l'homme ne sont pas le plus petit dénominateur commun de toutes les nations, mais au contraire, ce que je voudrais appeler l'irréductible humain, la quintessence des valeurs par lesquelles nous affirmons, ensemble, que nous sommes une seule communauté humaine[1].

Paraphrasant Hegel, on pourrait dire que les droits de l'homme – les droits civils et politiques (y compris le droit d'asile), comme les droits économiques, sociaux et culturels – constituent l'Absolu en relation, l'Universel concret.

L'UE est une communauté de valeurs. Les droits de l'homme constituent son fondement. En liquidant le droit d'asile, en mettant en œuvre des violations flagrantes des droits des réfugiés, l'UE détruit elle-même les bases sur lesquelles elle s'est construite depuis 1957.

Le 26 mai 2019, des dizaines de millions d'Européens élisaient leur Parlement. Puis les chefs d'État et de gouvernement ont négocié entre eux la nomination des candidats aux postes clés de l'Union : présidence de la Commission, de la Banque européenne et du Conseil européen. Le 16 juillet, la conservatrice allemande Ursula von der Leyen était élue par le Parlement européen présidente de la Commission. Von der Leyen est une femme élégante, dans la soixantaine, parlant un français châtié.

Un homme triomphait : Viktor Orban. Durant la campagne des élections parlementaires, le dirigeant conservateur

1. *Ibid.*

allemand Manfred Weber avait été le candidat naturel de son parti pour la présidence de la Commission. Or, Weber était partisan d'une politique de sanctions contre ceux des États membres qui s'opposent au plan de relocalisation des réfugiés. Selon lui, l'UE doit couper ses contributions de cohésion régionale aux États antiréfugiés, autrement dit essentiellement aux États d'Europe orientale, et plus particulièrement à la Hongrie.

Car Orban refuse de respecter le droit d'asile. De notoriété publique, si un persécuté traverse la frontière pour déposer, au-delà des barbelés, une demande d'asile sur le sol hongrois, il est en principe passé à tabac par les garde-frontières. Il sera ensuite condamné pour entrée illégale sur le territoire national et écopera vraisemblablement d'une peine de prison ferme de trois ans.

Le Fonds de cohésion, créé en 1994, est un des multiples instruments de la politique régionale de l'UE. Il finance les États membres dont le revenu national brut (RNB) est nettement inférieur à la moyenne communautaire, afin d'aplanir les disparités sociales et économiques entre les régions et promouvoir à l'échelle du continent la croissance, l'emploi et le développement durable[1].

Pour la période 2014-2020, ses bénéficiaires auront été la Bulgarie, Chypre, la Croatie, l'Estonie, la Grèce, la Hongrie, la Lettonie, la Lituanie, Malte, la Pologne, le Portugal, la République tchèque, la Roumanie, la Slovaquie et la Slovénie. Il aura alloué au total 63,4 milliards d'euros à des projets

1. Il est soumis aux mêmes règles de programmation, de gestion et de contrôle que le Fonds européen de développement régional (FEDER) et le Fonds social européen (FSE).

d'intérêt européen jugés prioritaires par l'UE, et relevant tant des réseaux transeuropéens de transport (notamment les transports ferroviaires) que des secteurs de l'environnement et de l'énergie (notamment les énergies renouvelables) et des projets d'infrastructures, de travaux publics, etc. C'est ainsi que le métro de Budapest, par exemple, a été rénové et son réseau étendu grâce notamment aux centaines de millions d'euros puisés dans les fonds européens.

Or, ces aides financières peuvent être suspendues par décision du Conseil, prise à la majorité qualifiée.

Au Parlement de Strasbourg, l'élection de la nouvelle présidente de la Commission européenne a été obtenue au terme d'un scrutin extrêmement serré. La candidate n'a même pas pu compter sur les voix de l'ensemble des députés allemands. Les sociaux-démocrates allemands ont voté contre elle. Certaines dissidences se sont fait jour dans son propre camp conservateur. Pour conquérir sa majorité, elle a donc dû s'assurer – en échange de quelles promesses ? – des voix des députés les plus réactionnaires, les plus xénophobes et les plus hostiles à l'accueil de réfugiés. C'est ainsi que les nationalistes polonais ont voté pour elle, ainsi que les 13 députés hongrois du camp de Viktor Orban. Les 14 députés du mouvement italien Cinque Stelle, à l'époque alliés de la Lega de Matteo Salvini au sein du gouvernement d'extrême droite, lui ont accordé leurs voix.

Finalement, sur 751 députés, Ursula von der Leyen a été élue avec seulement 9 voix d'avance.

Le 19 juillet 2019, la nouvelle présidente de la Commission a donné sa première conférence de presse à Bruxelles. Bien que n'entrant en fonction qu'en décembre, elle a esquissé les grandes lignes de sa politique à venir. Les réfugiés ? Pas question de sévir contre les saboteurs du plan de relocalisation. Loin d'annoncer des sanctions, elle entend « intensifier le dialogue » avec les régimes réactionnaires de l'Europe de l'Est.

Ses prédictions sont plutôt sombres :

> La question migratoire va nous accompagner pendant des décennies encore. Des progrès ne sont possibles qu'avec un concept durable… Cela commence en Afrique où nous devons investir énormément. Cela passe aussi par la lutte contre la criminalité, les passeurs et les trafiquants. Nous avons besoin de frontières extérieures sécurisées et d'une compréhension commune des règles de demande d'asile[1].

Pas de rupture avec la pratique du refoulement des réfugiés en haute mer ! Pas un mot sur la tragédie des *hot spots* !

Pour la nouvelle présidente de la Commission, le refoulement violent et le déni implicite du droit universel à l'asile sont ancrés dans une conviction explicite : il faut protéger l'Europe des barbares.

Pendant le laps de temps séparant son élection du 16 juillet de son entrée en fonction le 1er décembre, Ursula von der Leyen a dû, comme n'importe quel chef de gouvernement récemment élu, constituer son équipe et définir l'intitulé et les compétences de chaque portefeuille.

Tous les États membres de l'UE ont droit à un siège à l'exécutif. Ils y désignent librement leur candidat. Mais c'est le Parlement qui ratifie ou invalide leur choix. Von der Leyen a attribué au commissaire grec Margaritis Schinas

1. *Der Spiegel*, n° 30, 27 septembre 2019 ; *Le Monde*, 20 septembre 2019.

le dicastère intitulé « Migration et protection du mode de vie européen ». Selon les observateurs, ce choix sémantique serait une concession faite aux gouvernements d'Europe orientale radicalement opposés à toute immigration et à tout principe de solidarité.

Soutenue par nombre de ses collègues, l'eurodéputée verte Karima Delli a alors adressé à la nouvelle présidente une lettre de protestation dont la conclusion se lit ainsi : « Cette nouvelle Commission ne peut pas faire ses premiers pas entachée par une sémantique d'extrême droite[1]. »

Protestation qui restera probablement vaine.

Pendant ce temps, les eurocrates de Bruxelles travaillent d'arrache-pied à la multiplication et à l'extension des *hot spots* en Grèce, en Italie, mais aussi dans d'autres régions situées le long des frontières extérieures de la forteresse Europe. Le jargon bureaucratique pour désigner les *hot spots* est désormais celui-ci : « *Disembarkation and controlled center concept.* »

Au siège du Haut-Commissariat aux droits de l'homme de l'ONU, tous les clignotants sont au rouge.

Benjamin Lewis est un juriste américain brillant, attaché à la section « Migration et droits de l'homme » du Haut-Commissariat. Il a les convictions de l'État de droit chevillées au corps. Il me dit :

> Nous avons noté que ces *hot spots* sont en fait des centres de détention qui sont contraires à la liberté et à nombre de droits humains, en particulier au droit à la santé, au droit à un habitat adéquat, au droit à la famille, à l'interdiction de la torture et d'autres traitements inhumains et au droit à l'asile

1. *Le Monde*, 14 septembre 2019.

et de toute autre protection fournie par le droit international public[1].

Mais ni Benjamin Lewis et ses collègues ni Michelle Bachelet, Haute-Commissaire aux droits de l'homme, n'ont les moyens de faire obstacle à la multiplication et à l'extension des *hot spots*.

Pour imposer le règne de la loi, le respect du droit d'asile et de la totalité des droits de l'homme contre l'arbitraire des commissaires de Bruxelles, pour vaincre cette politique meurtrière, seule l'action collective des militantes et militants des mouvements sociaux et autres organisations de la société civile a quelque chance d'aboutir.

En août 2019, le nouveau Premier ministre grec Kyriakos Mitsotakis a pris deux mesures d'urgence. D'une part, la création d'une brigade de police spéciale, appelée « Black Panthers », et chargée de lutter contre ce qu'il appelle « la migration illégale » ; d'autre part, le renforcement des forces de sécurité ordinaires par l'engagement de 1 500 policiers supplémentaires. Leur tâche ? « Multiplier les contrôles d'identité » des étrangers dans les villes. Human Rights Watch s'inquiète : « Les mauvais jours sont de retour lorsque des milliers d'immigrés sont détenus de façon injustifiée et souvent victimes de violences dans les commissariats[2]. »

Quant aux *hot spots*, où des dizaines de milliers de réfugiés continuent de végéter parmi les ordures et derrière les barbelés, Mitsotakis veut les multiplier. En instaurant des

1. Conversation avec l'auteur.
2. *Le Monde*, 24 août 2019.

procédures nouvelles, il veut augmenter le nombre de ceux qui ne seront même pas en situation de faire valoir leurs droits.

Aujourd'hui, les *hot spots* sont au service d'une stratégie précise : de la dissuasion et de la terreur. Il s'agit d'inspirer un effroi tel que les persécutés renonceraient à quitter leur pays. Les informations circulent dans l'univers des réfugiés. Les sinistres bureaucrates de l'UE espèrent que cette stratégie dissuadera les candidats à l'exil. Ennemis du « mode de vie européen » ou, comme le dit le Premier ministre polonais, « menace pour la pureté ethnique » du continent, les persécutés doivent être saisis d'effroi par les conditions de vie à Lesbos et dans les autres *hot spots*. En laissant se développer dans les *hot spots* des conditions de survie qui rappellent les camps de concentration d'épouvantable mémoire, les malfaiteurs de Bruxelles visent à tarir le flot des réfugiés.

Cette stratégie de la terreur est la même partout. En Méditerranée centrale, l'UE a cessé toute opération de sauvetage de réfugiés naufragés en haute mer. Elle s'efforce d'imposer des conditions de travail exécrables aux équipages des trois derniers bateaux humanitaires financés par des ONG. En 2018, 272 000 hommes, femmes et enfants ont pris la mer en Méditerranée centrale, 6 168 ont péri dans les flots.

« *The hot spot approach is a form of deterrence* » (« Le système des *hot spots* est une forme de dissuasion ») », note sobrement le Danish Refugee Council[1].

1. *Fundamental Rights and the EU Hot Spot Approach*, Copenhague, 2019.

Devant le Conseil des droits de l'homme de l'ONU, le 9 septembre 2019, Michelle Bachelet, Haute-Commissaire aux droits de l'homme, s'est exprimée avec force à ce sujet. Michelle Bachelet a elle-même été torturée par les militaires chiliens sous la dictature d'Augusto Pinochet, quand son père a été assassiné par les mêmes militaires. Libérée sous la pression internationale, elle s'est réfugiée ensuite avec sa mère à Berlin-Est. Dans son intervention, elle a alerté le monde sur la situation en Méditerranée centrale :

> Dans les récents mois, l'action de certains gouvernements européens a visé à criminaliser, empêcher ou saboter le travail des organisations d'aide humanitaire. Ces actions ont une conséquence meurtrière pour les adultes et les enfants cherchant accueil et sécurité. Entre janvier et juillet 2019, le Haut-Commissariat aux droits de l'homme a compté plus de 900 victimes de noyade en Méditerranée centrale. Beaucoup d'autres sont certainement morts sans que nous en ayons eu connaissance [...]. Je m'inquiète profondément de constater ce mépris meurtrier à l'endroit des gens désespérés.

En Italie, où les victimes sont des milliers à avoir été enterrées sans que l'on connaisse leur nom, Cristina Cattaneo, médecin légiste, a entrepris de les identifier. Dans son livre *Naufragés sans visage. Donner un nom aux victimes de la Méditerranée*[1], elle dénonce : « Ne pas identifier les migrants morts, c'est une violation des droits de l'homme. »

La stratégie européenne est profondément immorale. Mais elle est en outre complètement inefficace, comme le prouve l'arrivée de centaines de nouveaux réfugiés chaque semaine

1. Traduction de l'italien, Paris, Albin Michel, 2019.

sur les îles grecques de la mer Égée : un père qui a vu son enfant déchiqueté par la bombe d'un terroriste à Kaboul prendra la fuite avec ses enfants survivants, quelle que soit la situation à Moria. Une mère kurde de Kobane dont la maison a été réduite en cendres par l'artillerie turque et dont la famille a échappé par miracle au carnage n'a qu'une seule idée en tête : fuir avec les siens, quelles que soient les nouvelles qui pourraient lui parvenir des *hot spots* de la mer Égée.

La plupart des États membres qui ont vécu jusqu'en 1990 sous le joug soviétique sont aujourd'hui des États mendiants. Ils vivent essentiellement des dizaines de milliards d'euros que l'UE leur verse au titre de l'aide à la cohésion régionale. Ceux d'entre ces gouvernements qui refusent la relocalisation des réfugiés, qui nient le droit d'asile et qui accueillent les persécutés se présentant à leurs frontières avec des matraques électriques, des barres de fer et des chiens dressés à mordre doivent être exclus du bénéfice de ces aides.

XVIII

En 1776, Benjamin Franklin fut nommé premier ambassadeur de la jeune République américaine en France. Il avait soixante-dix ans. Coauteur, avec Thomas Jefferson, de la Déclaration d'indépendance des États-Unis signée le 4 juillet 1776 à Philadelphie, précédée de la première Déclaration des droits de l'homme, Franklin bénéficiait à Paris d'un prestige immense dans les cercles prérévolutionnaires et les salons littéraires.

Le café Procope, au cœur de l'actuel Saint-Germain-des-Prés, était alors l'un des lieux de prédilection des jeunes rebelles. Franklin en était un habitué. Un soir, un jeune homme s'approcha du célèbre savant qui dînait à une table, le tira par la manche et l'interpella bruyamment : « Le monde que je vois n'est qu'injustice et misère. Où est la sanction ? Votre Déclaration n'a, pour se faire respecter, aucun pouvoir, ni judiciaire ni militaire… »

Franklin lui répondit : « Erreur ! mon ami. Derrière cette déclaration, il est un pouvoir considérable, éternel : le pouvoir de la honte (*the power of shame*). »

Le jeune homme était un avocat de vingt ans, Georges Danton.

L'Union européenne est une construction démocratique. Or, il n'y a pas d'impuissance de principe en démocratie. Nous, citoyennes et citoyens, détenons le pouvoir de la honte. C'est à nous de renverser les rapports de force. Nous devons mobiliser l'opinion publique, organiser notre combat. Déclarer la guerre à la stratégie de la terreur qui détruit les bases morales de l'Europe.

Nous, peuples d'Europe, devons imposer la cessation immédiate des versements européens aux États antiréfugiés.

Partout sur le continent, nous devons obtenir le strict respect du droit universel de l'homme à l'asile.

Nous devons imposer la fermeture immédiate et définitive de tous les *hot spots*, où qu'ils se trouvent.

Car ils sont la honte de l'Europe.

DU MÊME AUTEUR

La Contre-révolution en Afrique
Payot, 1963

Sociologie de la nouvelle Afrique
Gallimard, « Idées », 1964

Sociologie et contestation
Essai sur la société mythique
Gallimard, « Idées », 1969

Le Pouvoir africain
Seuil, « Esprit », 1971
et réédition, « Points Essais », n° 780, 2016

Les Vivants et la Mort
Essai de sociologie
Seuil, « Esprit », 1975
et « Points Essais », n° 90, 1978

Une Suisse au-dessus de tout soupçon
(en collab. avec Délia Castelnuovo-Frigessi,
Heinz Hollenstein et Rudolph H. Strahm)
Seuil, « Combats », 1976
et réédition, « Points Essais », n° 782, 2016

Main basse sur l'Afrique
Seuil, « Combats », 1978
et réédition, « Points Essais », n° 779, 2016

Retournez les fusils !
Manuel de sociologie d'opposition
Seuil, « L'Histoire immédiate », 1980,
« Points Politique », n° 110, 1981
et nouvelle édition mise à jour sous le titre
Retournez les fusils !
Choisir son camp
Seuil, 2014
et « Points Essais », n° 833, 2017

Les Rebelles
Contre l'ordre du monde
Mouvements armés de libération
nationale du tiers-monde
Seuil, « L'Histoire immédiate », 1983
et réédition, « Points Essais », n° 778, 2016

Vive le pouvoir !
Ou les délices de la raison d'État
Seuil, 1985

La Victoire des vaincus
Oppression et résistance culturelle
Seuil, « L'Histoire immédiate », 1988
et réédition, « Points Essais », n° 779, 2016

La Suisse lave plus blanc
Seuil, 1990

Le Bonheur d'être suisse
Seuil/Fayard, 1993,
« Points Actuels », n° 152, 1994
et « Points Essais », n° 808, 2016

Il s'agit de ne pas se rendre
Conversations sur France Culture
(en collab. avec Régis Debray)
Arléa, 1994

L'Or du Maniema
roman
Seuil, 1996
et nouvelle édition, « Points », n° P2704, 2011

La Suisse, l'Or et les Morts
Seuil, 1997
et « Points Histoire », n° 405, 2008

Les Seigneurs du crime
Les nouvelles mafias contre la démocratie
(en collab. avec Uwe Mühlhoff)
Seuil, « L'Histoire immédiate », 1998,
« Points », n° P631, 1999
et « Points Essais », n° 559, 2007

La Faim dans le monde expliquée à mon fils
Seuil, 1999, 2011, 2015

Les Nouveaux Maîtres du monde
Et ceux qui leur résistent
Fayard, 2002
Seuil, « Points », n° P1133, 2003
et « Points Essais », n° 560, 2013

Le Droit à l'alimentation
Précédé de *Le Droit du faible contre la raison du fort*
(en collab. avec Sally-Anne Way
et Christophe Golay)
Mille et une nuits, 2003

L'Empire de la honte
Fayard, 2005
et « Le Livre de poche », 2007

La Haine de l'Occident
Albin Michel, 2008
et « Le Livre de poche », 2011

Destruction massive
Géopolitique de la faim
Seuil, 2011
et « Points », n° P2879, 2012

Chemins d'espérance
Ces combats gagnés, parfois perdus
mais que nous remporterons ensemble
Seuil, 2016
et nouvelle édition sous le titre
Change le monde
Il en a besoin
« Points Essais », n° 861, 2018

Les murs les plus puissants tombent par leurs fissures
Dialogue avec Denis Lafay
Éditions de l'Aube, 2018

Le Capitalisme expliqué à ma petite-fille
(en espérant qu'elle en verra la fin)
Seuil, « Expliqué à… », 2018

RÉALISATION : NORD COMPO À VILLENEUVE-D'ASCQ
ACHEVÉ D'IMPRIMER SUR ROTO-PAGE
PAR L'IMPRIMERIE FLOCH, À MAYENNE
DÉPÔT LÉGAL : JANVIER 2020. N° 145199 (95477)
IMPRIMÉ EN FRANCE